本書の特色と使い方

教科書の学習進度にあわせて，授業・宿題・予習・復習などに使えます

教科書のほぼすべての単元を掲載しています。今，学習している内容にあわせて授業用プリントとしてお使いいただけます。また，宿題や予習や復習用プリントとしてもお使いいただけます。

本書をコピー・印刷して教科書の内容をくりかえし練習できます

計算問題などは型分けした問題をしっかり学習したあと，いろいろな型を混合して出題しているので，学校での学習をくりかえし練習できます。

学校の先生方はコピーや印刷をして使えます。

「ふりかえり・たしかめ」や「まとめのテスト」で学習の定着をみることができます

「練習のページ」が終わったあと，「ふりかえり・たしかめ」や「まとめのテスト」をやってみましょう。

「ふりかえり・たしかめ」で，できなかったところは，もう一度「練習のページ」を復習しましょう。

「まとめのテスト」で，力だめしをしましょう。

「解答例」を参考に指導することができます

本書 p 96 ～「解答例」を掲載しております。まず，指導される方が問題を解き，本書の解答例も参考に解答を作成してください。

児童の多様な解き方や考え方に沿って答え合わせをお願いいたします。

1年② 目　次

月　　日

9 3つの かずの けいさん(1)

3つの かずの けいさん ①

なまえ

● いぬは，みんなで　なんびきに　なりましたか。

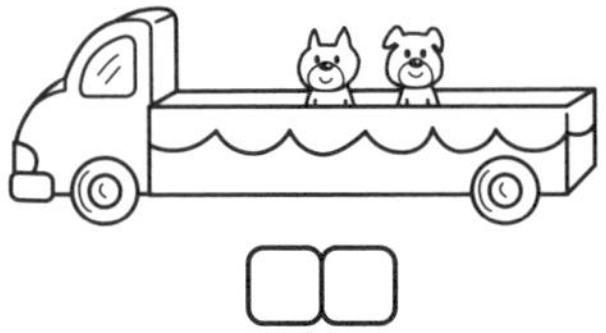

2ひき　のって　います。

2

3びき　のります。

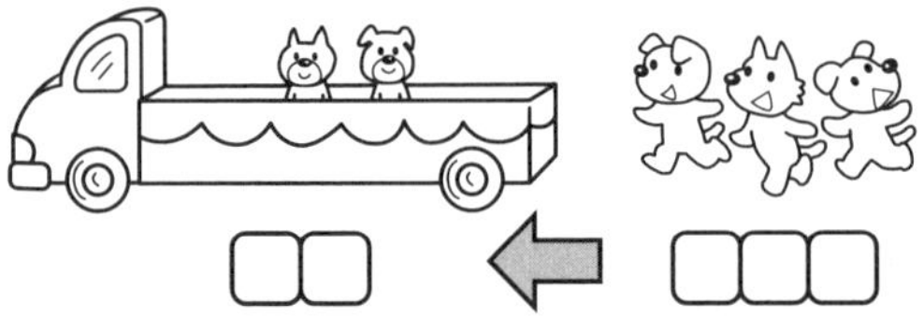

2 + 3

3びき　のります。

2 + 3 + 3

しき　□ + □ + □ = □

こたえ

月　　日

9 3つの かずの けいさん(2)

3つの かずの けいさん ②

なまえ

● たしざんを　しましょう。

（　　）の　かずを　かいてから　こたえましょう。

① 3 + 2 + 4 =

（　　）

② 4 + 3 + 2 =

（　　）

③ 3 + 2 + 1 =

（　　）

④ 5 + 3 + 2 =

（　　）

⑤ 5 + 5 + 2 =

（　　）

⑥ 7 + 3 + 4 =

（　　）

⑦ 6 + 4 + 3 =

（　　）

⑧ 2 + 8 + 5 =

（　　）

月　　日

9 3つの かずの けいさん(3)

3つの かずの けいさん ③

なまえ

① 4 + 2 + 3 =

② 2 + 1 + 5 =

③ 1 + 4 + 2 =

④ 6 + 3 + 1 =

⑤ 6 + 4 + 5 =

⑥ 3 + 7 + 6 =

⑦ 9 + 1 + 6 =

⑧ 5 + 5 + 4 =

⑨ 8 + 2 + 3 =

⑩ 4 + 6 + 8 =

月　　日

9 3つの かずの けいさん(4)

3つの かずの けいさん ④

なまえ

● いぬは，なんびき　のこって　いますか。

8ひき　のって　います。

8

2ひき　おりました。

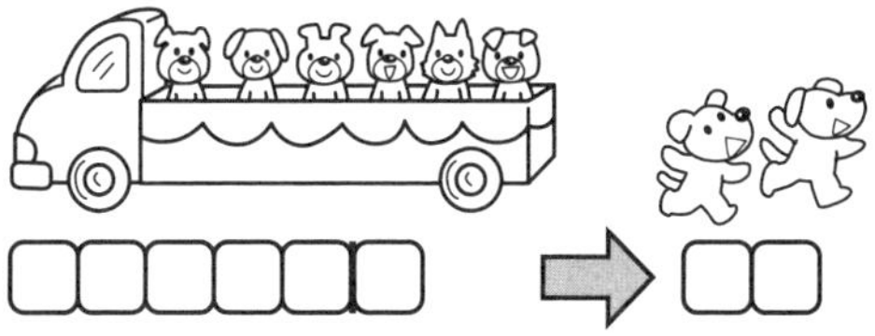

8 − 2

3びき　おりました。

8 − 2 − 3

しき　□ − □ − □ = □

こたえ

月　日

9 3つの かずの けいさん(5)

3つの かずの けいさん ⑤

なまえ

① 8 − 2 − 3 =　　② 7 − 4 − 1 =

③ 12 − 2 − 5 =　　④ 13 − 3 − 6 =

⑤ 14 − 4 − 8 =　　⑥ 15 − 5 − 3 =

⑦ 17 − 7 − 4 =　　⑧ 19 − 9 − 2 =

⑨ 18 − 8 − 8 =　　⑩ 11 − 1 − 7 =

月　日

9 3つの かずの けいさん(6)

3つの かずの けいさん ⑥

なまえ

● いぬは，なんびきに　なりましたか。

6ぴき　のって　います。

6

4ひき　おりました。

6 − 4

3びき　のりました。

6 − 4 + 3

しき　□ − □ + □ = □

こたえ ＿＿＿＿＿＿

月　日

9 3つの かずの けいさん(7)

3つの かずの けいさん ⑦

なまえ

① 7 − 3 + 2 =

② 9 − 6 + 4 =

③ 10 − 6 + 4 =

④ 10 − 8 + 3 =

⑤ 6 + 2 − 4 =

⑥ 7 + 2 − 5 =

⑦ 4 + 6 − 5 =

⑧ 2 + 8 − 7 =

⑨ 3 + 3 + 3 + 1 =

⑩ 10 − 2 − 2 − 2 =

月　日

9 3つの かずの けいさん(8)

3つの かずの けいさん ⑧

なまえ

① 4 + 3 − 2 =

② 8 − 5 + 1 =

③ 2 + 6 − 3 =

④ 9 − 7 + 4 =

⑤ 5 + 2 − 6 =

⑥ 4 + 3 − 5 =

⑦ 10 − 7 + 3 =

⑧ 10 − 6 + 3 =

⑨ 5 + 5 − 6 =

⑩ 3 + 7 − 5 =

⑪ 9 + 1 − 4 =

⑫ 2 + 8 − 6 =

⑬ 15 − 5 − 5 − 5 =

⑭ 4 + 4 + 2 + 2 =

月　　日

9 3つの かずの けいさん(9)

3つの かずの けいさん ⑨

なまえ

① 3 + 3 + 2 =　　② 8 + 2 + 6 =

③ 6 + 4 + 2 =　　④ 3 + 7 + 3 =

⑤ 8 − 3 − 3 =　　⑥ 11 − 1 − 2 =

⑦ 16 − 6 − 6 =　　⑧ 14 − 4 − 7 =

⑨ 8 − 5 + 3 =　　⑩ 10 − 3 + 1 =

⑪ 10 − 5 + 2 =　　⑫ 10 − 8 + 4 =

⑬ 4 + 2 − 5 =　　⑭ 7 + 3 − 4 =

⑮ 9 + 1 − 7 =　　⑯ 2 + 8 − 5 =

⑰ 5 + 5 + 2 + 2 =

⑱ 10 − 1 − 2 − 3 =

月　　日

9 3つの かずの けいさん(10)

3つの かずの けいさん ⑩

なまえ

① 5 + 5 + 9 =　　② 7 − 4 + 3 =

③ 10 − 7 + 5 =　　④ 7 + 3 + 7 =

⑤ 9 − 3 − 3 =　　⑥ 18 − 8 − 4 =

⑦ 6 + 2 − 1 =　　⑧ 2 + 8 − 7 =

⑨ 6 + 2 + 1 =　　⑩ 10 − 6 + 3 =

⑪ 19 − 9 − 9 =　　⑫ 2 + 8 − 7 =

⑬ 10 − 3 + 1 =　　⑭ 1 + 9 + 3 =

⑮ 12 − 2 − 4 =　　⑯ 3 + 4 − 2 =

⑰ 10 + 3 + 4 =　　⑱ 10 + 8 − 4 =

月　　日

9 ふりかえり・たしかめ (1)

3つの かずの けいさん

なまえ

1 ばななが　6ぽん　ありました。
あさに　2ほん　たべました。
ひるに　1ぽん　たべました。
ばななは　なんぼんに　なりましたか。

しき

こたえ ＿＿＿＿＿＿

2 えんぴつを　8ほん　もって　います。
2ほん　かいました。
4ほん　もらいました。
えんぴつは　なんぼんに　なりましたか。

しき

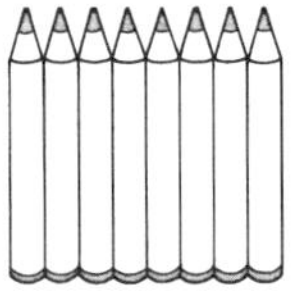

こたえ ＿＿＿＿＿＿

月　　日

9 ふりかえり・たしかめ (2)

3つの かずの けいさん

なまえ

1 たまごが　10こ　ありました。
4こ　りょうりに　つかいました。
2こ　かって　きました。
たまごは　なんこに　なりましたか。

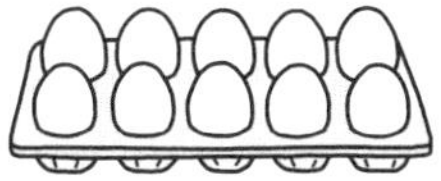

しき

こたえ ＿＿＿＿＿＿

2 おりがみを　14まい　もって　いました。
4まい　つかいました。
6まい　あげました。
おりがみは　なんまいに　なりましたか。

しき

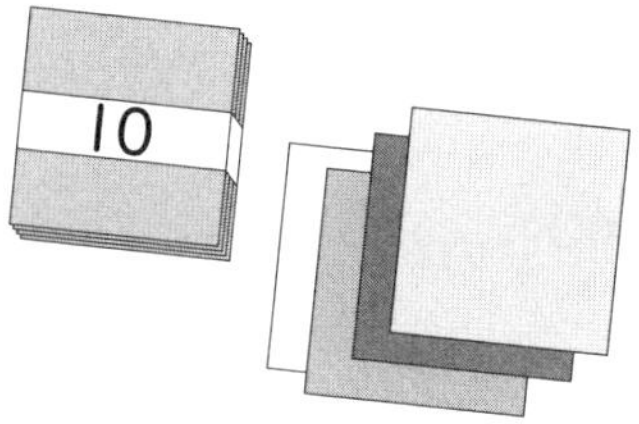

こたえ ＿＿＿＿＿＿

月　　日

9 まとめのテスト
3つの　かずの　けいさん

なまえ

【知識・技能】

1　けいさんを　しましょう。(5×10)

① 2 + 3 + 3 =

② 6 + 4 + 7 =

③ 8 − 3 − 2 =

④ 14 − 4 − 6 =

⑤ 7 − 4 + 3 =

⑥ 10 − 6 + 4 =

⑦ 4 + 5 − 3 =

⑧ 7 + 3 − 5 =

⑨ 8 + 2 + 6 =

⑩ 10 − 7 + 5 =

【思考・判断・表現】

2　あめが　8こ　あります。
わたしが　3こ　たべました。
おとうとも　2こ　たべました。
あめは　なんこに　なりましたか。(5×2)

しき

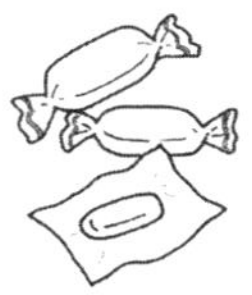

こたえ

3　こうえんで　7にん　あそんで
います。3にん　きました。
5にん　かえりました。
こうえんで　あそんで　いるのは
なんにんに　なりましたか。(10×2)

しき

こたえ

4　おりがみが　16まい　あります。
6まい　つかいました。
4まい　もらいました。
おりがみは　なんまいに
なりましたか。(10×2)

しき

こたえ

月　　日

10 どちらが　おおい (1)

どちらが　おおい ①

なまえ

● はいる　みずは，どちらが　おおいでしょうか。

① (あ)の　みずを　(い)に　いれて　しらべます。

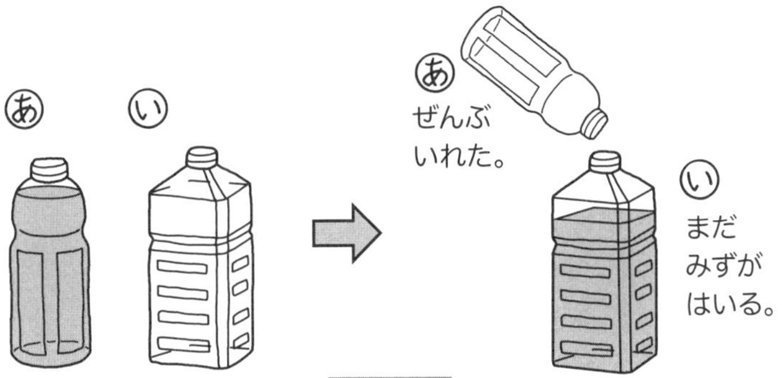

あ
い
あ
ぜんぶ
いれた。
い
まだ
みずが
はいる。

(あ)と　(い)では，□　の　ほうが　おおい。

② (う)の　みずを　(え)に　いれて　しらべます。

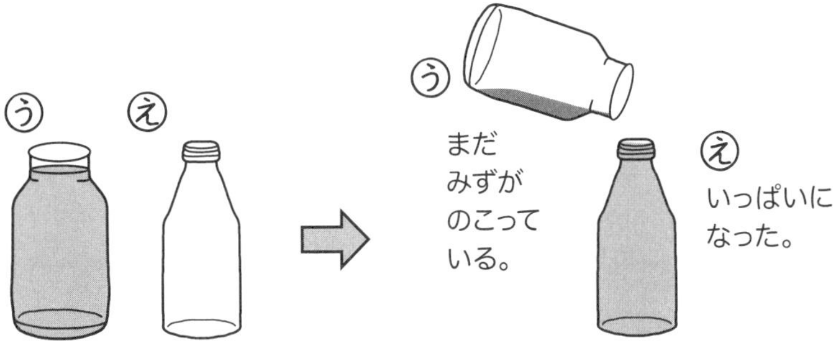

う
え
う
まだ
みずが
のこって
いる。
え
いっぱいに
なった。

(う)と　(え)では，□　の　ほうが　おおい。

月　　日

10 どちらが　おおい (2)

どちらが　おおい ②

なまえ

● はいって　いる　みずの　おおい　じゅんを
しらべましょう。

①

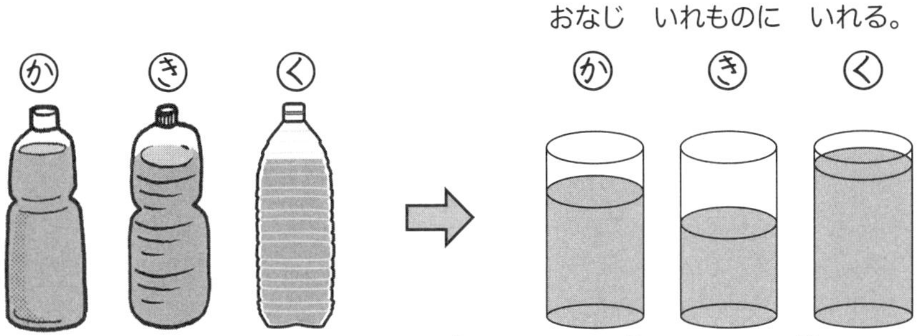

おなじ　いれものに　いれる。
か
き
く
か
き
く

みずの　おおい　じゅん　❶ □ ⇨ ❷ □ ⇨ ❸ □

②

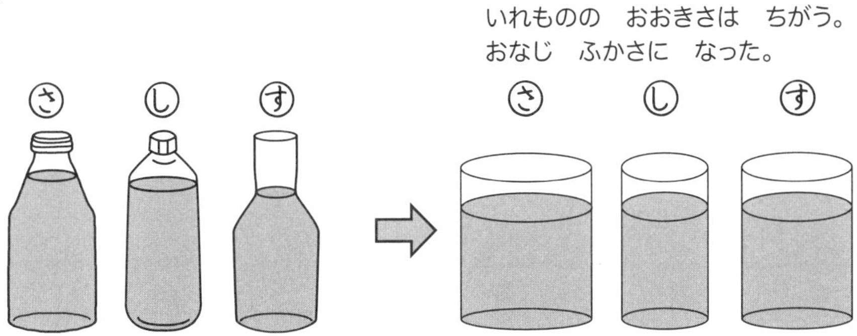

いれものの　おおきさは　ちがう。
おなじ　ふかさに　なった。
さ
し
す
さ
し
す

みずの　おおい　じゅん　❶ □ ⇨ ❷ □ ⇨ ❸ □

月　　日

10 どちらが　おおい (3)

どちらが　おおい ③

なまえ

● はいる　みずが　おおい　じゅんを　しらべましょう。
おなじ　おおきさの　こっぷを　つかって　しらべます。

ぺっとぼとる

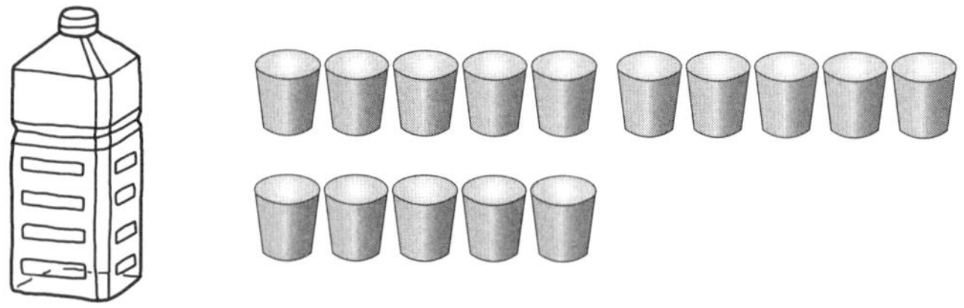

やかん

ぽっと

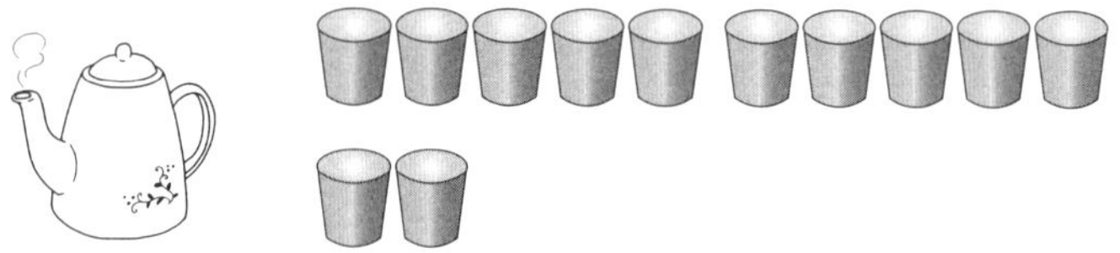

おおい　じゅんに　かきましょう。

❶ □ ⇨ ❷ □ ⇨ ❸ □

月　　日

10 どちらが　おおい (4)

どちらが　おおい ④

なまえ

● はいる　みずを　おなじ　こっぷを　つかって
しらべました。

すいとう

びん

かみぱっく

□に　あてはまる　かずを　かきましょう。

① すいとうは，びんより　こっぷ □ はいぶん
おおく　はいる。

② かみぱっくは，びんより　こっぷ □ はいぶん
おおく　はいる。

③ すいとうは，かみぱっくより
こっぷ □ ばいぶん　おおく　はいる。

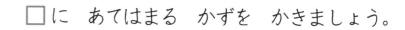

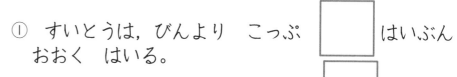

10 まとめのテスト
どちらが　おおい

なまえ　　　　　　　　　　　　月　　日

【知識・技能】

1 おおく　はいる　ほうに　○を　つけましょう。（10×5）

① あの　みずを　いに　いれる。

あ　もうすこし　のこって　いる。

い　いっぱい。　もう　はいらない。

あ（　　）　い（　　）

② うの　みずを　えに　いれる。

う　ぜんぶ　いれた。

え　まだ　はいる。

う（　　）　え（　　）

③ おなじ　いれものに　いれる。

か（　　）　き（　　）

④ おおきさが　ちがう　いれものに　いれる。（おなじ　ふかさ）

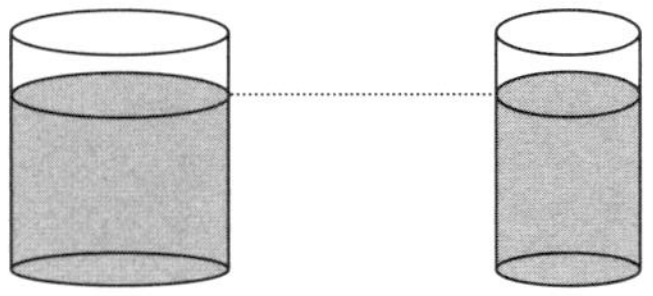

く（　　）　け（　　）

⑤ おなじ　こっぷに　いれる。

さ（　　）

し（　　）

【思考・判断・表現】

2 すいとう　あ，い，うに　はいる　みずを　しらべました。

あ

い

う

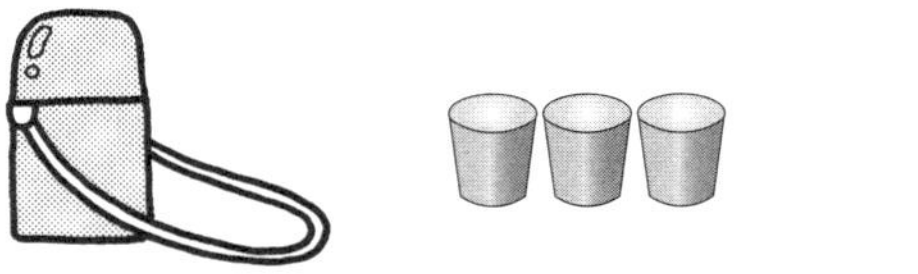

① （　　）には，あ，い，うの　どれかを，□には　かずを　かきましょう。（10×4）

あと　いを　くらべると，（　　）の　ほうが　こっぷ　□　はいぶん　おおい。

あと　うを　くらべると，（　　）の　ほうが　こっぷ　□　ばいぶん　おおい。

② すいとう　あ，い，うを　はいる　みずが　おおい　じゅんに　ならべましょう。（10）

❶ □ ⇨ ❷ □ ⇨ ❸ □

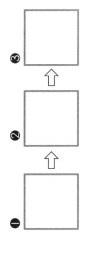

月　　日

11 たしざん（1）

たしざん ①

なまえ

● 9+3 の　けいさんの　しかたを　かんがえましょう。
□に　あてはまる　かずを　かきましょう。

① 9 ＋ 3

9は　あと □ で　10だから，

3を □ と　2に　わけます。

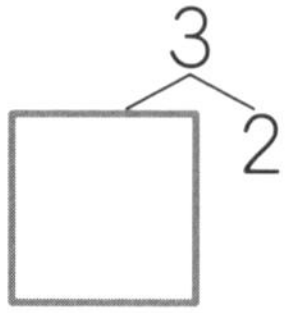

②

9に □ を　たして　10。

③

10と □ で　12。

9 ＋ 3 ＝ □

月　　日

11 たしざん（2）

たしざん ②

なまえ

● 8+5 の　けいさんの　しかたを　かんがえましょう。
□に　あてはまる　かずを　かきましょう。

① 8 ＋ 5

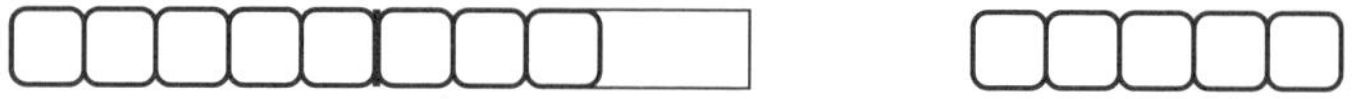

8は　あと □ で　10だから，

5を □ と　3に　わけます。

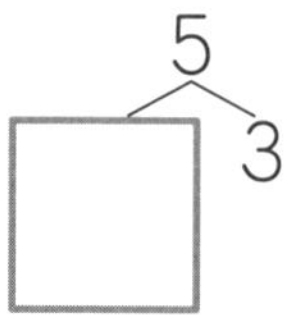

②

8に □ を　たして　10。

③

10と □ で　13。

8 ＋ 5 ＝ □

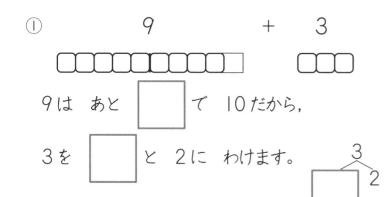

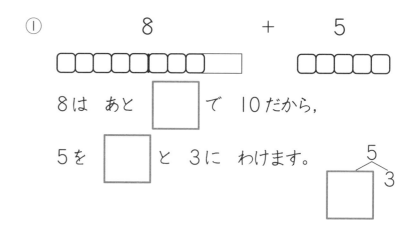

月　　日

11 たしざん (3)

たしざん ③

なまえ

● 7+5 の　けいさんの　しかたを　かんがえましょう。
□に　あてはまる　かずを　かきましょう。

① 7 + 5

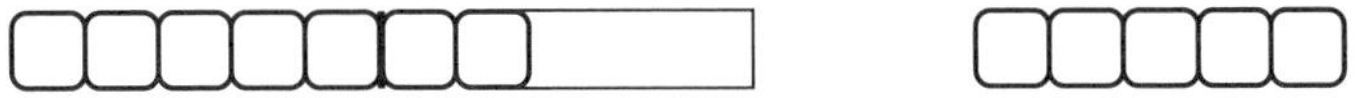

7は　あと □ で　10だから,

5を □ と □ に　わけます。

5
□ 2

②

7に □ を　たして □。

③

10と □ で □。

7 + 5 = □

月　　日

11 たしざん (4)

たしざん ④

なまえ

① 9 + 4 =　　② 9 + 2 =

③ 9 + 6 =　　④ 9 + 8 =

⑤ 8 + 3 =　　⑥ 8 + 6 =

⑦ 8 + 7 =　　⑧ 8 + 4 =

⑨ 7 + 4 =　　⑩ 7 + 6 =

⑪ 7 + 8 =　　⑫ 7 + 9 =

⑬ 6 + 5 =　　⑭ 6 + 8 =

月　　日

11 たしざん（5）

たしざん ⑤

なまえ

①8 + 8 =

②6 + 6 =

③9 + 5 =

④9 + 3 =

⑤7 + 7 =

⑥8 + 7 =

⑦9 + 4 =

⑧9 + 7 =

⑨8 + 9 =

⑩8 + 3 =

⑪8 + 5 =

⑫6 + 7 =

⑬7 + 4 =

⑭9 + 2 =

⑮6 + 9 =

⑯7 + 5 =

⑰7 + 6 =

⑱8 + 6 =

⑲8 + 4 =

⑳9 + 9 =

月　　日

11 たしざん（6）

たしざん ⑥

なまえ

1　くろい　えんぴつが　8ほん，あかい　えんぴつが　5ほん　あります。えんぴつは　あわせて　なんぼん　ありますか。

しき

こたえ

2　きんぎょを　7ひき　かって　います。4ひき　もらいました。きんぎょは　ぜんぶで　なんびきに　なりましたか。

しき

こたえ

3　つみきを　9こ　つんで　います。そのうえに　6こ　つみました。つみきを　ぜんぶで　なんこ　つみましたか。

しき

こたえ

月　日

11 たしざん (7)

たしざん ⑦

なまえ

● 3＋9 の けいさんの しかたを かんがえましょう。
□に あてはまる かずを かきましょう。

かんがえ 1

① 3 ＋ 9

3は あと □ で 10だから,

9を □ と □ に わけます。

9
□ 2

②

3に □ を たして □。

③

10と □ で □。

かんがえ 2

3＋9は 9＋□ と おなじだから,

9＋3＝□

□ 2

月　日

11 たしざん (8)

たしざん ⑧

なまえ

① 3＋8＝

② 4＋7＝

③ 5＋8＝

④ 6＋9＝

⑤ 2＋9＝

⑥ 4＋9＝

⑦ 6＋7＝

⑧ 7＋8＝

⑨ 4＋8＝

⑩ 5＋7＝

⑪ 8＋9＝

⑫ 6＋8＝

⑬ 5＋6＝

⑭ 7＋9＝

月　日

11 たしざん (9)

たしざん ⑨

なまえ

① 5 + 6 =

② 6 + 8 =

③ 7 + 8 =

④ 8 + 9 =

⑤ 4 + 7 =

⑥ 5 + 7 =

⑦ 7 + 9 =

⑧ 4 + 8 =

⑨ 5 + 9 =

⑩ 6 + 7 =

⑪ 3 + 8 =

⑫ 4 + 9 =

⑬ 5 + 8 =

⑭ 6 + 9 =

月　日

11 たしざん (10)

たしざん ⑩

なまえ

① 7 + 9 =

② 6 + 7 =

③ 3 + 8 =

④ 5 + 6 =

⑤ 6 + 8 =

⑥ 3 + 9 =

⑦ 5 + 9 =

⑧ 7 + 8 =

⑨ 2 + 9 =

⑩ 4 + 8 =

⑪ 6 + 9 =

⑫ 6 + 6 =

⑬ 8 + 8 =

⑭ 5 + 8 =

⑮ 4 + 7 =

⑯ 8 + 9 =

⑰ 5 + 7 =

⑱ 4 + 9 =

⑲ 7 + 9 =

⑳ 7 + 7 =

月　日

11 たしざん (11)

たしざん ⑪

なまえ

① 7 + 5 =　　② 8 + 3 =

③ 9 + 2 =　　④ 6 + 5 =

⑤ 4 + 8 =　　⑥ 8 + 9 =

⑦ 5 + 7 =　　⑧ 3 + 8 =

⑨ 9 + 5 =　　⑩ 6 + 9 =

⑪ 8 + 6 =　　⑫ 2 + 9 =

⑬ 4 + 9 =　　⑭ 7 + 8 =

⑮ 5 + 9 =　　⑯ 9 + 6 =

⑰ 9 + 8 =　　⑱ 6 + 7 =

⑲ 6 + 6 =　　⑳ 8 + 7 =

月　日

11 たしざん (12)

たしざん ⑫

なまえ

① 8 + 5 =　　② 6 + 8 =

③ 5 + 6 =　　④ 9 + 7 =

⑤ 9 + 3 =　　⑥ 7 + 6 =

⑦ 4 + 7 =　　⑧ 8 + 8 =

⑨ 8 + 4 =　　⑩ 5 + 8 =

⑪ 9 + 8 =　　⑫ 3 + 9 =

⑬ 7 + 8 =　　⑭ 9 + 4 =

⑮ 7 + 4 =　　⑯ 8 + 9 =

⑰ 9 + 9 =　　⑱ 7 + 9 =

⑲ 4 + 8 =　　⑳ 8 + 7 =

月　　日

11 たしざん（13）

たしざん ⑬

なまえ

①8 + 3 =　　②7 + 6 =　　③9 + 4 =

④6 + 5 =　　⑤8 + 9 =　　⑥8 + 6 =

⑦9 + 6 =　　⑧5 + 6 =　　⑨9 + 7 =

⑩8 + 7 =　　⑪9 + 2 =　　⑫6 + 7 =

⑬9 + 9 =　　⑭6 + 9 =　　⑮8 + 4 =

⑯7 + 4 =　　⑰7 + 7 =　　⑱5 + 8 =

⑲9 + 3 =　　⑳5 + 9 =　　㉑7 + 9 =

㉒6 + 8 =　　㉓8 + 8 =　　㉔9 + 5 =

㉕8 + 5 =　　㉖6 + 6 =　　㉗5 + 7 =

㉘7 + 8 =　　㉙7 + 5 =　　㉚9 + 8 =

月　　日

11 たしざん（14）

たしざん ⑭

なまえ

①9 + 4 =　　②8 + 8 =　　③4 + 9 =

④7 + 8 =　　⑤9 + 7 =　　⑥7 + 4 =

⑦8 + 5 =　　⑧7 + 6 =　　⑨3 + 9 =

⑩4 + 7 =　　⑪8 + 3 =　　⑫6 + 5 =

⑬8 + 9 =　　⑭9 + 2 =　　⑮6 + 7 =

⑯9 + 5 =　　⑰6 + 6 =　　⑱8 + 6 =

⑲3 + 8 =　　⑳9 + 8 =　　㉑7 + 7 =

㉒9 + 9 =　　㉓4 + 8 =　　㉔8 + 7 =

㉕9 + 3 =　　㉖7 + 5 =　　㉗9 + 6 =

㉑7 + 9 =　　㉙2 + 9 =　　㉚8 + 4 =

月　　日

11 たしざん (15)

たしざん ⑮

なまえ

① 7 + 4 =　② 8 + 5 =　③ 7 + 9 =

④ 9 + 6 =　⑤ 6 + 5 =　⑥ 4 + 7 =

⑦ 3 + 8 =　⑧ 5 + 9 =　⑨ 9 + 9 =

⑩ 9 + 7 =　⑪ 9 + 2 =　⑫ 9 + 5 =

⑬ 8 + 6 =　⑭ 9 + 7 =　⑮ 6 + 6 =

⑯ 8 + 9 =　⑰ 7 + 5 =　⑱ 8 + 7 =

⑲ 9 + 4 =　⑳ 8 + 3 =　㉑ 2 + 9 =

㉒ 6 + 7 =　㉓ 4 + 9 =　㉔ 5 + 7 =

㉕ 5 + 8 =　㉖ 9 + 8 =　㉗ 9 + 3 =

㉘ 8 + 9 =　㉙ 4 + 8 =　㉚ 7 + 6 =

㉛ 6 + 8 =　㉜ 6 + 8 =　㉝ 8 + 4 =

㉞ 7 + 7 =　㉟ 5 + 6 =　㊱ 9 + 5 =

㊲ 8 + 8 =　㊳ 9 + 2 =　㊴ 3 + 9 =

㊵ 9 + 3 =　㊶ 8 + 8 =　㊷ 9 + 9 =

㊸ 9 + 6 =　㊹ 7 + 8 =　㊺ 6 + 9 =

月　　日

11 たしざん (16)

たしざん ⑯

なまえ

① 7 + 9 =　② 8 + 7 =　③ 6 + 8 =

④ 6 + 6 =　⑤ 5 + 9 =　⑥ 7 + 4 =

⑦ 3 + 9 =　⑧ 9 + 9 =　⑨ 9 + 5 =

⑩ 8 + 9 =　⑪ 4 + 9 =　⑫ 8 + 3 =

⑬ 7 + 7 =　⑭ 7 + 8 =　⑮ 8 + 8 =

⑯ 8 + 6 =　⑰ 8 + 5 =　⑱ 8 + 4 =

⑲ 9 + 8 =　⑳ 9 + 2 =　㉑ 9 + 6 =

㉒ 5 + 8 =　㉓ 8 + 6 =　㉔ 7 + 8 =

㉕ 9 + 4 =　㉖ 6 + 9 =　㉗ 8 + 5 =

㉘ 8 + 7 =　㉙ 7 + 9 =　㉚ 7 + 7 =

㉛ 4 + 7 =　㉜ 8 + 4 =　㉝ 6 + 5 =

㉞ 9 + 3 =　㉟ 7 + 6 =　㊱ 5 + 7 =

㊲ 5 + 6 =　㊳ 2 + 9 =　㊳ 3 + 8 =

㊵ 7 + 5 =　㊶ 6 + 7 =　㊷ 9 + 4 =

㊸ 8 + 3 =　㊹ 9 + 7 =　㊺ 4 + 8 =

月　　日

11 たしざん（17）

たしざん⑰

なまえ

1　おすの　ライオンが　4とう，めすの　ライオンが　8とう　います。ライオンは　ぜんぶで　なんとう　いますか。

しき

こたえ

2　あかい　きんぎょが　7ひき，くろい　きんぎょが　9ひき　います。きんぎょは　あわせて　なんびき　いますか。

しき

こたえ

3　バスに　8にん　のって　います。つぎの　バスていで　7にん　のって　きました。バスに　のって　いる　ひとは　なんにんに　なりましたか。

しき

こたえ

月　　日

11 たしざん（18）

たしざん⑱

なまえ

1　せみが　みぎの　きに　6ぴき，ひだりの　きに　7ひき　います。せみは　あわせて　なんびき　いますか。

しき

こたえ

2　きのう　ほんよみを　5かい　しました。　きょうは　7かい　しました。あわせて　なんかい　ほんよみを　しましたか。

しき

こたえ

3　あさがおの　あかい　はなが　6こ，むらさきいろの　はなが　9こ　さいて　います。あさがおの　はなは　ぜんぶで　なんこ　さいて　いますか。

しき

こたえ

月　　日

11 たしざん (19)

たしざん ⑲

なまえ

[1] あかい ふうせんが 6こ，きいろい ふうせんが 5こ あります。ふうせんは ぜんぶで なんこ ありますか。

しき

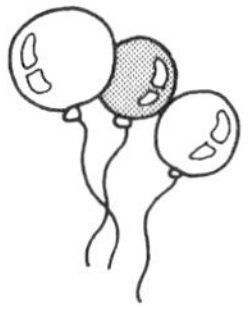

こたえ

[2] きょうしつに こどもが 8にん います。そこへ こどもが 7にん やって きました。きょうしつの こどもは なんにんに なりましたか。

しき

こたえ

[3] さかなつりで わたしは 4ひき，おとうさんは 9ひき つりました。つった さかなは，ぜんぶで なんびきに なりましたか。

しき

こたえ

月　　日

11 たしざん (20)

たしざん ⑳

なまえ

[1] おやの さるが 7ひき，こどもの さるが 9ひき います。さるは ぜんぶで なんびき いますか。

しき

こたえ

[2] ちゅうしゃじょうに くるまが 8だい とまって います。4だい はいって きて とまりました。ちゅうしゃじょうの くるまは なんだいに なりましたか。

しき

こたえ

[3] ミニトマトが きのうは 6こ，きょうは 7こ とれました。ミニトマトは あわせて なんこ とれましたか。

しき

こたえ

月　日

11 たしざん (21)

かあど れんしゅう ①

なまえ

● こたえが おおきい ほうに ○を つけましょう。

①	7 + 8				9 + 5
②	6 + 6				5 + 8
③	5 + 7				8 + 3
④	9 + 6				8 + 8
⑤	4 + 9				7 + 5
⑥	5 + 9				6 + 7
⑦	9 + 2				5 + 7
⑧	6 + 8				9 + 6

月　日

11 たしざん (22)

かあど れんしゅう ②

なまえ

● こたえが おなじに なる かあどを せんで むすびましょう。

①

7 + 5	・	・	8 + 5
2 + 9	・	・	6 + 6
6 + 7	・	・	4 + 7

②

8 + 7	・	・	8 + 8
7 + 9	・	・	7 + 7
9 + 5	・	・	6 + 9
8 + 9	・	・	9 + 8

月　日

11 たしざん (23)

かあど　れんしゅう ③

なまえ

● かあどを　したから　えらんで　☐ に
かきましょう。

① こたえが　13に　なる　かあど

② こたえが　14に　なる　かあど

③ こたえが　15に　なる　かあど

9 + 2			
9 + 3	8 + 3		
9 + 4	8 + 4	7 + 4	
9 + 5	8 + 5	7 + 5	6 + 5
9 + 6	8 + 6	7 + 6	6 + 6
9 + 7	8 + 7	7 + 7	6 + 7
9 + 8	8 + 8	7 + 8	6 + 8
9 + 9	8 + 9	7 + 9	6 + 9

月　日

11 たしざん (24)

かあど　れんしゅう ④

なまえ

● こたえが　おなじに　なる　かあどを　あつめて
います。あいて　いる　かあどに　はいる　かあどの
しきを　したから　えらんで　かきましょう。

① 3 + 8

② 5 + 7

③ 4 + 9

6 + 5				
6 + 6	5 + 6			
6 + 7	5 + 7	4 + 7		
6 + 8	5 + 8	4 + 8	3 + 8	
6 + 9	5 + 9	4 + 9	3 + 9	2 + 9

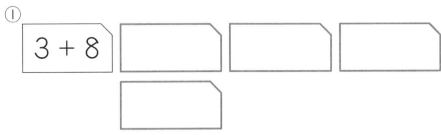

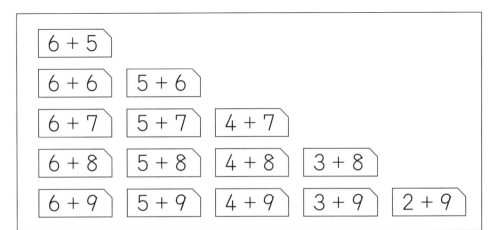

月　　日

11 ふりかえり・たしかめ (1)
たしざん

なまえ

□1 8＋7の　けいさんの　しかたを　かんがえます。
□に　あてはまる　かずを　かきましょう。

① 8は　あと □ で　10。

② 7を □ と □ に　わける。

③ 8に □ を　たして　10。

④ 10と □ で □。

8＋7＝□
□ □

□2 けいさんを　しましょう。

① 9＋4＝	② 7＋9＝	③ 8＋5＝
④ 6＋7＝	⑤ 9＋9＝	⑥ 5＋6＝
⑦ 8＋8＝	⑧ 6＋6＝	⑨ 7＋4＝
⑩ 7＋7＝	⑪ 8＋4＝	⑫ 6＋8＝

月　　日

11 ふりかえり・たしかめ (2)
たしざん

なまえ

□1 9＋5の　けいさんの　しかたを　かんがえます。
□に　あてはまる　かずを　かきましょう。

① 9は　あと □ で　10。

② 5を □ と □ に　わける。

③ 9に □ を　たして　10。

④ 10と □ で □。

9＋5＝□
□ □

□2 けいさんを　しましょう。

① 8＋9＝	② 9＋7＝	③ 7＋8＝
④ 7＋6＝	⑤ 5＋8＝	⑥ 4＋9＝
⑦ 9＋6＝	⑧ 3＋8＝	⑨ 8＋6＝
⑩ 5＋7＝	⑪ 7＋5＝	⑫ 2＋9＝

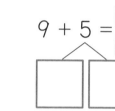

月　　日

11 ふりかえり・たしかめ (3)

たしざん

なまえ

1　まさきさんは　かいを　8こ，ゆきさんは　6こ　ひろいました。あわせて　なんこ　ひろいましたか。

しき

こたえ

2　おんどりを　4わ，めんどりを　7わ　かって　います。にわとりを　あわせて　なんわ　かって　いますか。

しき

こたえ

3　こたえが　12に　なる　たしざんの　しきを，5つ　つくりましょう。

□＋□＝12　　□＋□＝12

□＋□＝12　　□＋□＝12

□＋□＝12

月　　日

11 ふりかえり・たしかめ (4)

たしざん

なまえ

1　はとが　5わ　います。6わ　とんで　きました。はとは，あわせて　なんわに　なりましたか。

しき

こたえ

2　8がつには　ほんを　7さつ，9がつには　8さつ　よみました。あわせて　なんさつ　よみましたか。

しき

こたえ

3　こたえが　14に　なる　たしざんの　しきを，5つ　つくりましょう。

□＋□＝14　　□＋□＝14

□＋□＝14　　□＋□＝14

□＋□＝14

11 まとめのテスト
たしざん

なまえ

【知識・技能】

1　けいさんを　しましょう。(5×10)

① 8 + 4 =

② 7 + 9 =

③ 8 + 8 =

④ 9 + 9 =

⑤ 6 + 8 =

⑥ 6 + 6 =

⑦ 5 + 8 =

⑧ 3 + 9 =

⑨ 7 + 5 =

⑩ 5 + 6 =

【思考・判断・表現】

2　あかえんぴつが　8ほん，
あおえんぴつが　7ほん　あります。
　えんぴつは，あわせて　なんぼん
ありますか。(5×2)

しき

こたえ

3　メロンパンを　7こと，あんパンを
6こ　かいました。あわせて　パンを
なんこ　かいましたか。(5×2)

しき

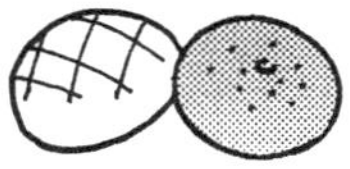

こたえ

4　いちごを　あさに　6こ，ひるに
9こ　たべました。あわせて　なんこ
たべましたか。(5×2)

しき

こたえ

5　かきが　かごに　7こ，はこに　4こ
はいって　います。かきは　ぜんぶで
なんこ　ありますか。(5×2)

しき

こたえ

6　こうえんに　こどもが　9にん，
おとなが　8にん　います。あわせて
なんにん　いますか。(5×2)

しき

こたえ

月　日

12 かたちあそび（1）

かたちあそび ①

なまえ

● いろいろな　かたちを　しらべましょう。
□に　あ，い，うの　どれかを　かきましょう。

あ　ころころと　よく　ころがる。つみにくい。

い　ころころと　よく　ころがる。
つむことが　できる。

う　ころがらない。つむ　ことが　できる。

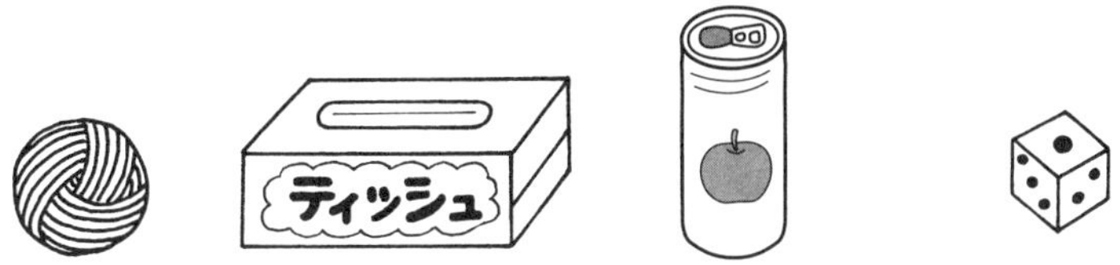

□　□　□　□

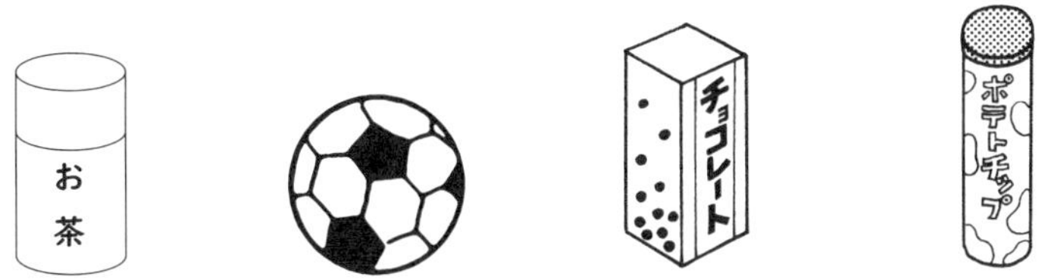

□　□　□　□

月　日

12 かたちあそび（2）

かたちあそび ②

なまえ

● あ，い，うと　にて　いる　かたち　2つに　○を
つけましょう。

① あ

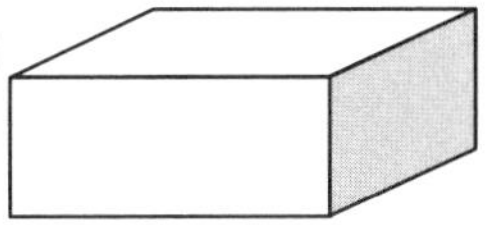

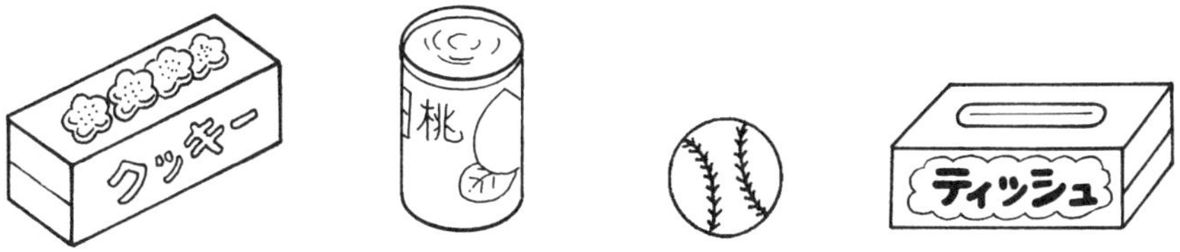

（　　）　（　　）　（　　）　（　　）

② い

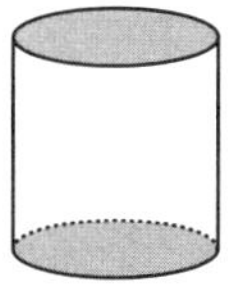

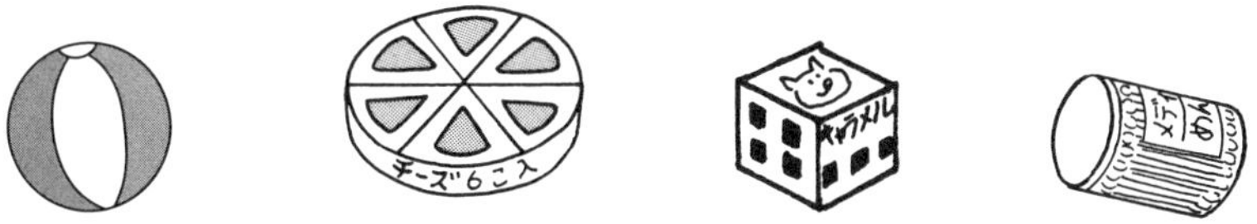

（　　）　（　　）　（　　）　（　　）

③ う

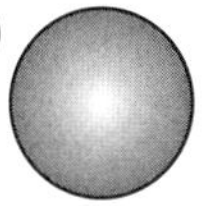

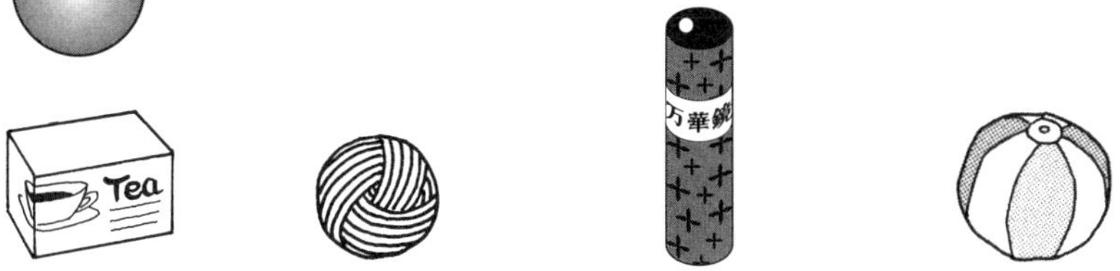

（　　）　（　　）　（　　）　（　　）

12 かたちあそび (3)

かたちあそび ③

なまえ

● そこの かたちを かみに うつしました。うつした かたちを せんで むすびましょう。

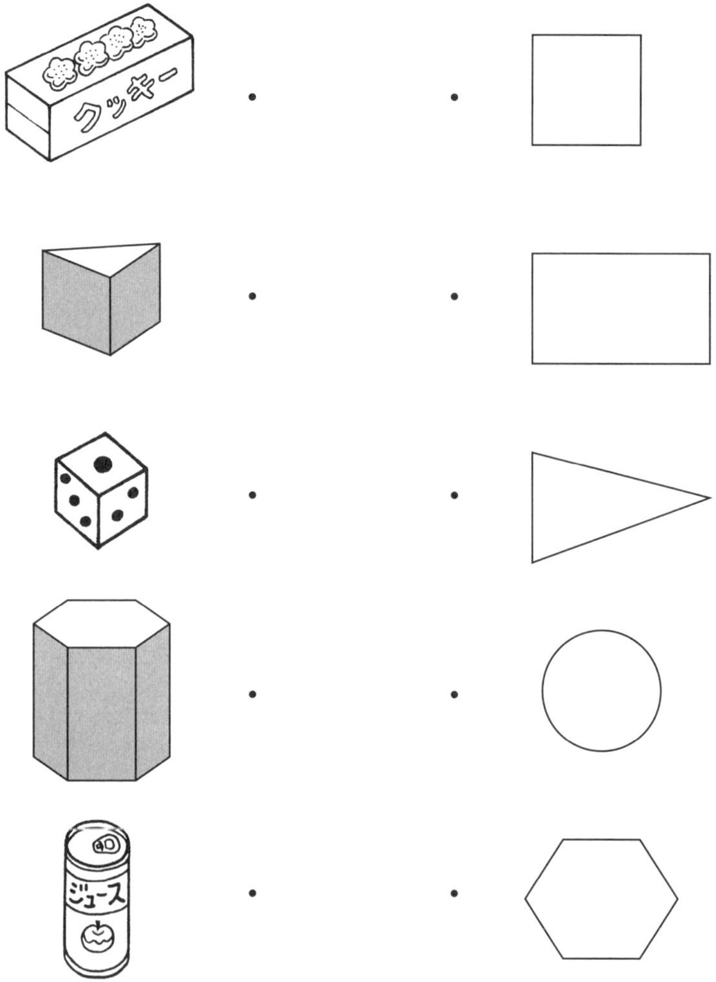

12 かたちあそび (4)

かたちあそび ④

なまえ

● いろいろな かたちの なかまわけを しました。どのような なかまわけを したのでしょうか。したの ぶんから 2つずつ えらんで かきましょう。

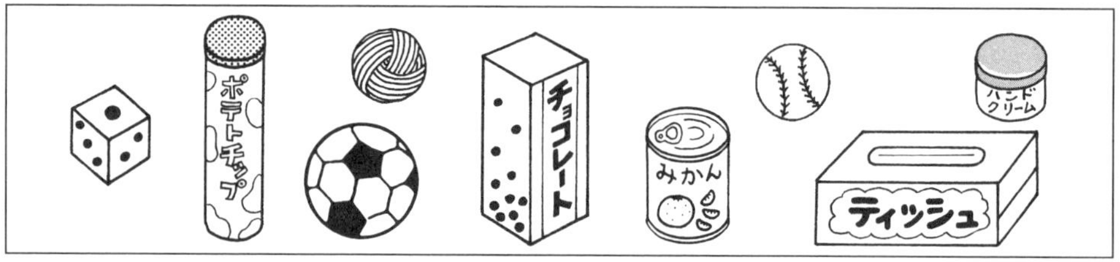

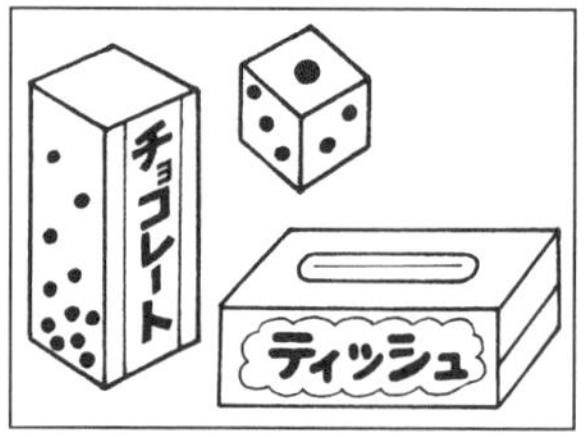

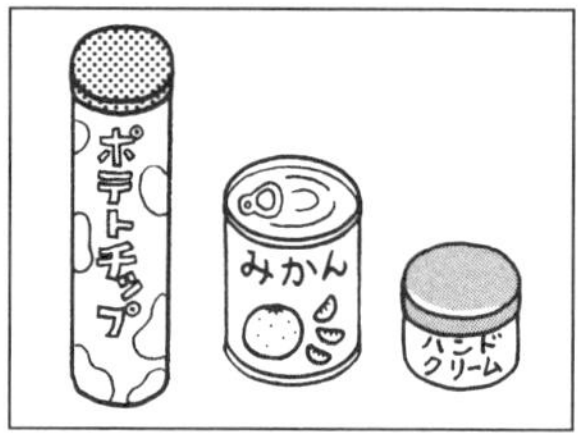

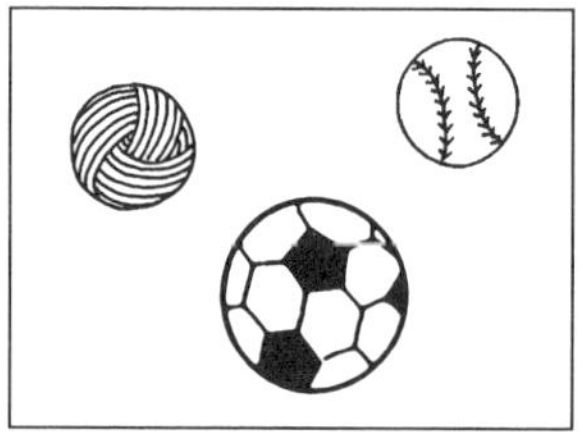

ころころと　ころがる。　　ころがらない。
つみあげやすい。　　つみあげられない。

12 まとめのテスト
かたちあそび

なまえ　　　　　　月　　日

【知識・技能】

1　おなじ　なかまの　かたちを　えらんで，きごうを　かきましょう。（10×3）

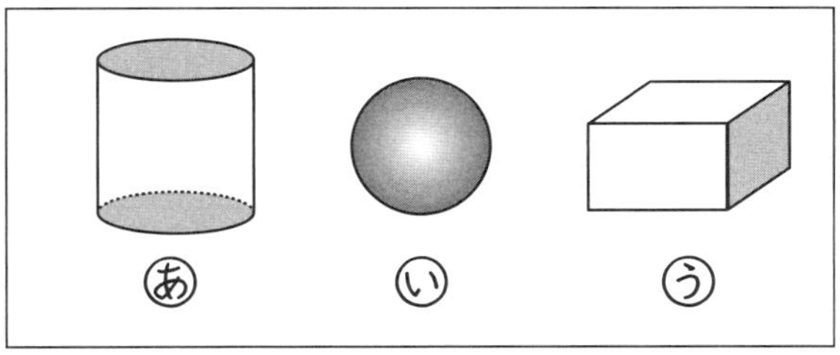

①

②

③

2　①と，②の　そこの　かたちを　かみに　うつすと，どのような　かたちに　なりますか。したから　えらんで　□に　きごうを　かきましょう。（10×2）

①
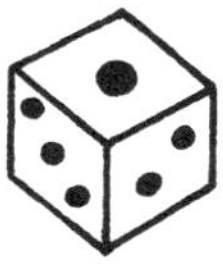

②

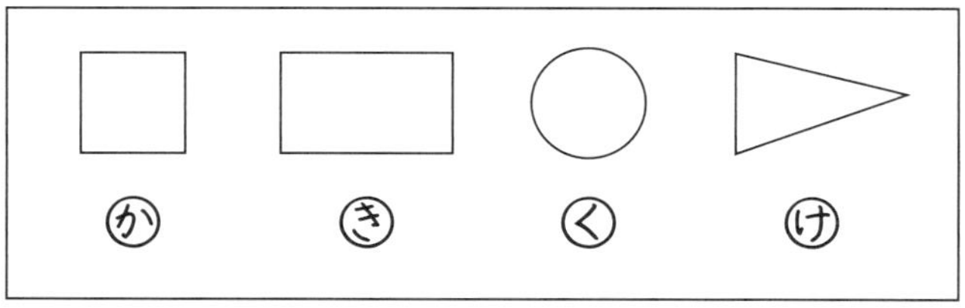

【思考・判断・表現】

3　いろいろな　かたちの　なかまわけを　しましょう。あてはまる　かたちを　えらんで，きごうを　かきましょう。（10×5）

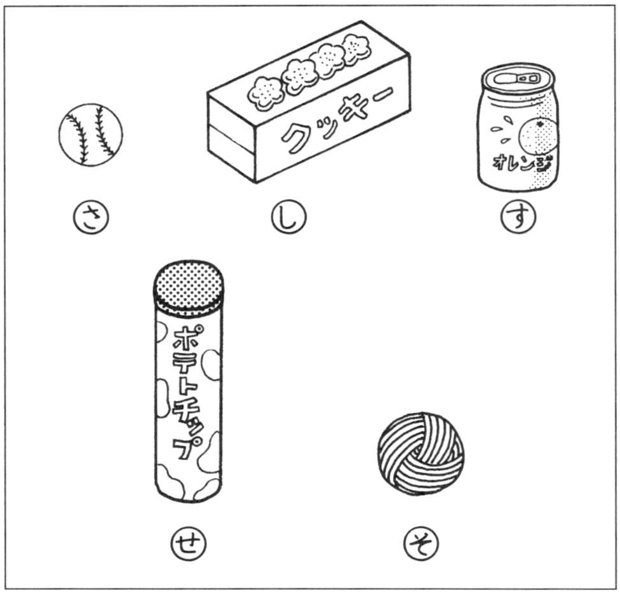

①　つみあげる　ことが　でき，むきを　かえると，ころころ　ころがる　かたち

②　ころころと　ころがり，つみあげる　ことが　できない　かたち

③　ころころと　ころがらず，つみあげる　ことが　できる　かたち

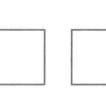

月　　日

13 ひきざん（1）

ひきざん ①

なまえ

● 12－9 の けいさんの しかたを かんがえましょう。
□に あてはまる かずを かきましょう。

① 2から 9は ひけません。
12を □ と 2に わけます。

12－9
□　2

② 10から 9を ひくと □。

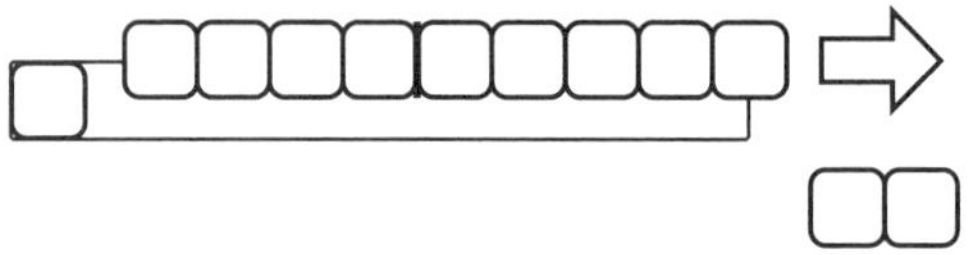

12－9
10　2
□

③ □ と 2で □。

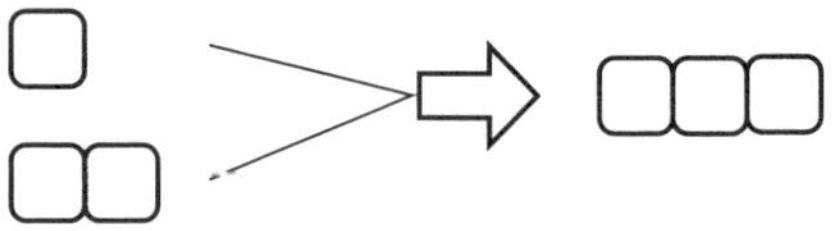

12－9＝□
10　2
□

12－9＝□

月　　日

13 ひきざん（2）

ひきざん ②

なまえ

● 13－8 の けいさんの しかたを かんがえましょう。
□に あてはまる かずを かきましょう。

① 3から 8は ひけません。
13を □ と □ に わけます。

13－8
□　□

② 10から 8を ひくと □。

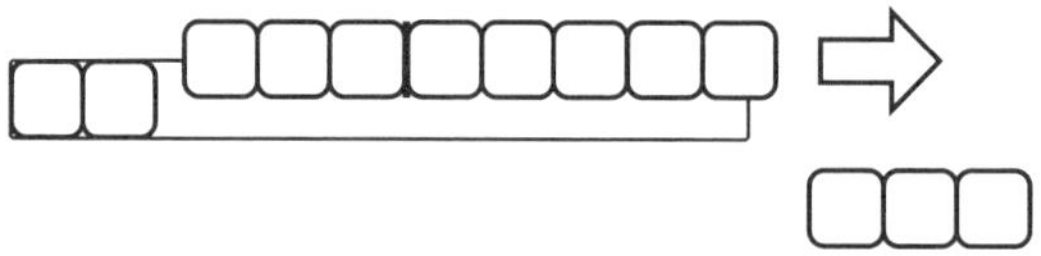

13－8
10　3
□

③ □ と 3で □。

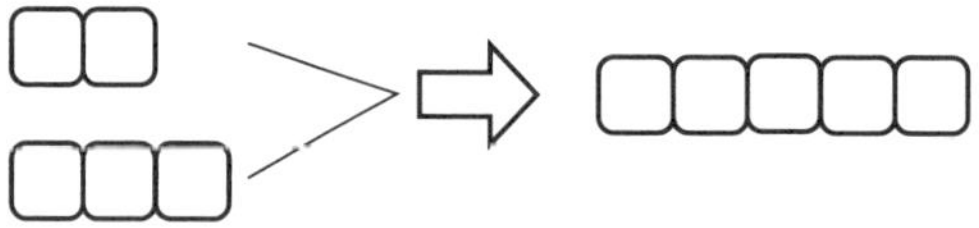

13－8＝□
10　3
□

13－8＝□

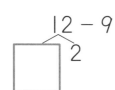

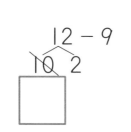

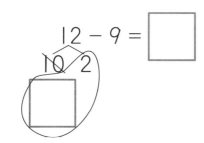

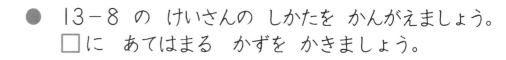

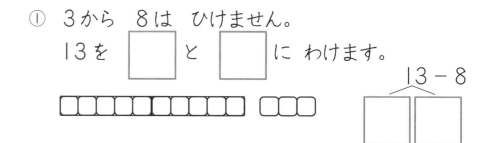

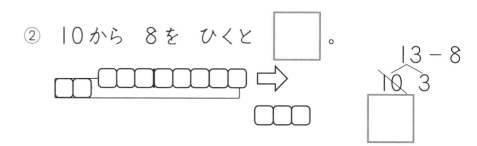

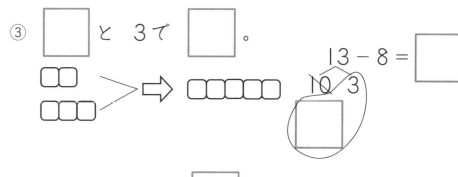

13 ひきざん (3)

ひきざん ③

月　日

なまえ

● 12－7 の けいさんの しかたを かんがえましょう。
□に あてはまる かずを かきましょう。

① 2から 7は ひけません。
12を □ と □ に わけます。

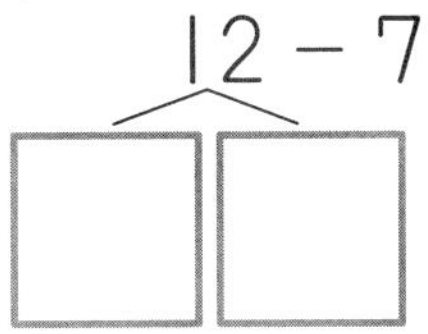

② 10から 7を ひくと □。

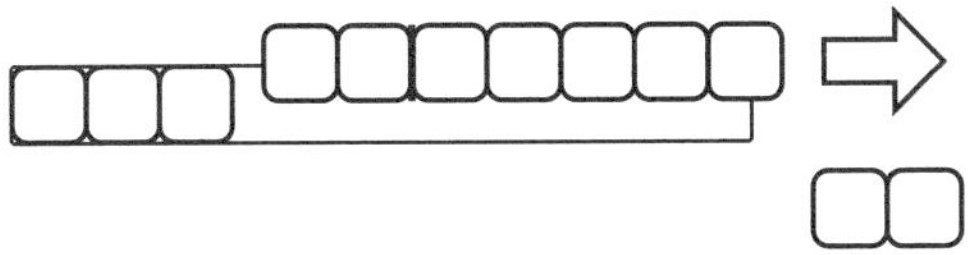

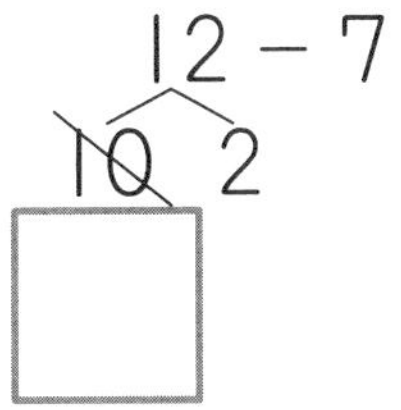

③ □ と 2で □。

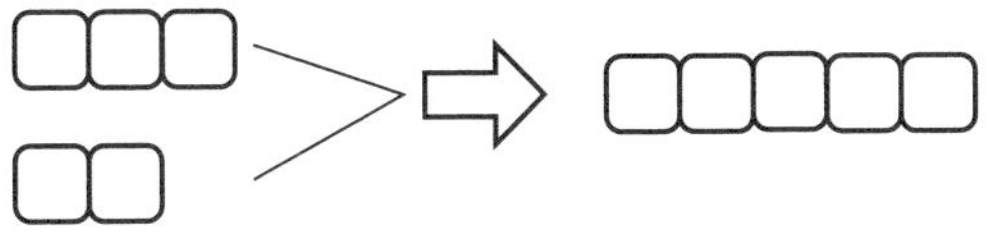

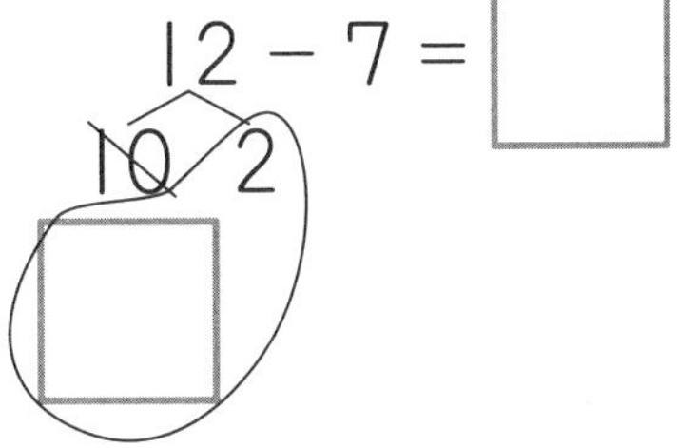

12－7＝□

13 ひきざん (4)

ひきざん ④

月　日

なまえ

① 15－9＝

② 14－9＝

③ 13－9＝

④ 11－9＝

⑤ 12－8＝

⑥ 14－8＝

⑦ 15－8＝

⑧ 11－8＝

⑨ 11－7＝

⑩ 13－7＝

⑪ 14－7＝

⑫ 15－7＝

⑬ 12－6＝

⑭ 11－5＝

月　　日

13 ひきざん（5）

ひきざん ⑤

なまえ

①　14 − 9 ＝

②　18 − 9 ＝

③　13 − 9 ＝

④　16 − 9 ＝

⑤　15 − 9 ＝

⑥　17 − 9 ＝

⑦　14 − 8 ＝

⑧　16 − 8 ＝

⑨　13 − 8 ＝

⑩　15 − 8 ＝

⑪　15 − 7 ＝

⑫　14 − 7 ＝

⑬　12 − 7 ＝

⑭　13 − 7 ＝

⑮　14 − 6 ＝

⑯　12 − 6 ＝

⑰　11 − 6 ＝

⑱　13 − 6 ＝

⑲　13 − 5 ＝

⑳　11 − 5 ＝

月　　日

13 ひきざん（6）

ひきざん ⑥

なまえ

1　いちごが　12こ　ありました。9こ　たべました。いちごは　なんこ　のこって　いますか。

しき

こたえ

2　あかと　くろの　えんぴつが　あわせて　12ほん　あります。そのうち　くろが　8ほんです。あかの　えんぴつは　なんぼんですか。

しき

こたえ

3　うめの　おにぎりが　11こ，さけの　おにぎりが　7こ　あります。うめの　おにぎりの　ほうが　なんこ　おおいでしょうか。

しき

こたえ

月　日

13 ひきざん（7）

ひきざん ⑦

なまえ

1　こうえんに　こどもが　9にん，おとなが　14にん　います。おとなの　ほうが　なんにん　おおいでしょうか。

しき

こたえ

2　えんぴつが　11ぽん　あります。8ほん　けずりました。けずって　いない　えんぴつは　なんぼんですか。

しき

こたえ

3　どんぐりが　15こ　ありました。おとうとに　7こ　あげました。どんぐりは　なんこ　のこって　いますか。

しき

こたえ

月　日

13 ひきざん（8）

ひきざん ⑧

なまえ

● 11－3　の　けいさんの　しかたを　かんがえましょう。
□に　あてはまる　かずを　かきましょう。

かんがえ 1

① 10から　3を　ひくと　□。

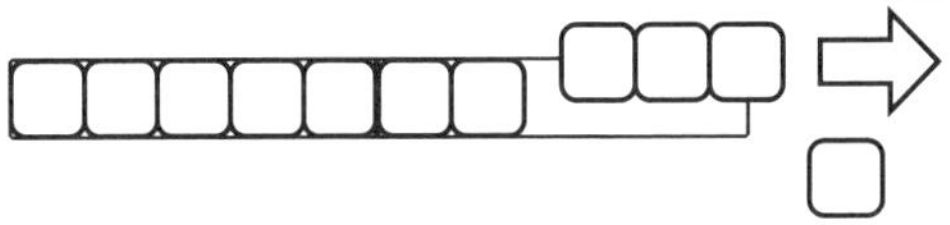

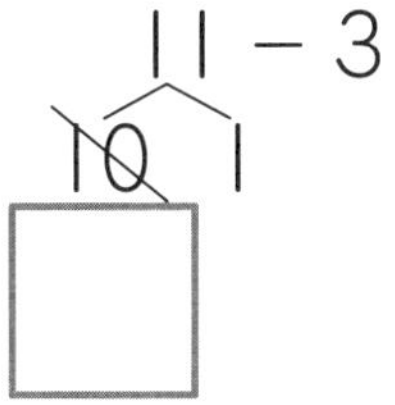

② □と　1で　□。

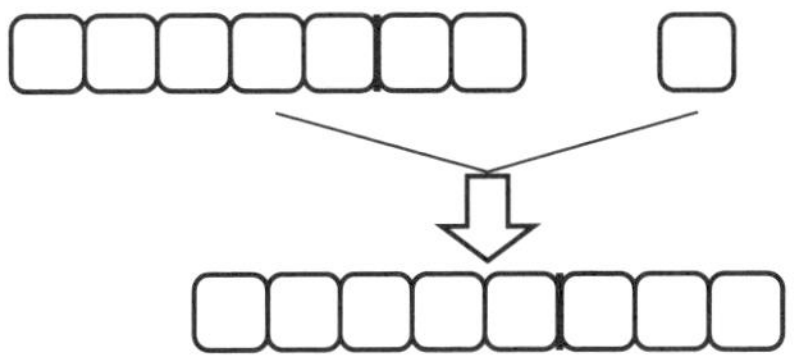

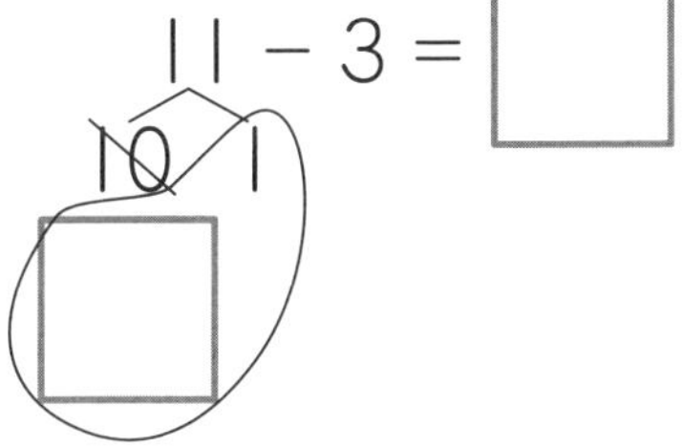

かんがえ 2

① 11から　ばらの　□を　ひいて　10。

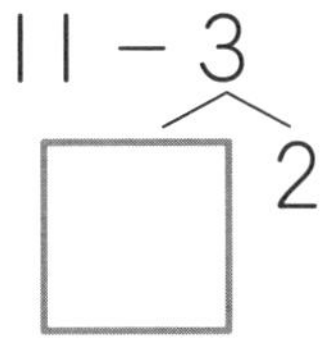

② 10から　のこりの　□を　ひいて　□。

11－3＝□

13 ひきざん (9)

ひきざん ⑨

なまえ

● 15−6 の けいさんの しかたを かんがえましょう。
□に あてはまる かずを かきましょう。

かんがえ1

① 10から 6を ひくと □。

15−6
10 5
□

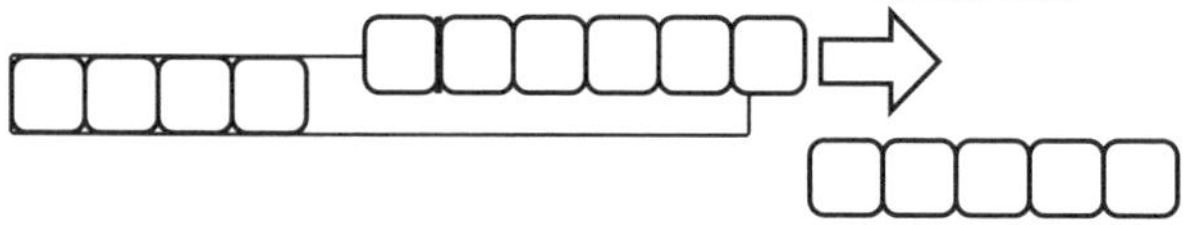

② □と 5で □。

15−6＝□
10 5
□

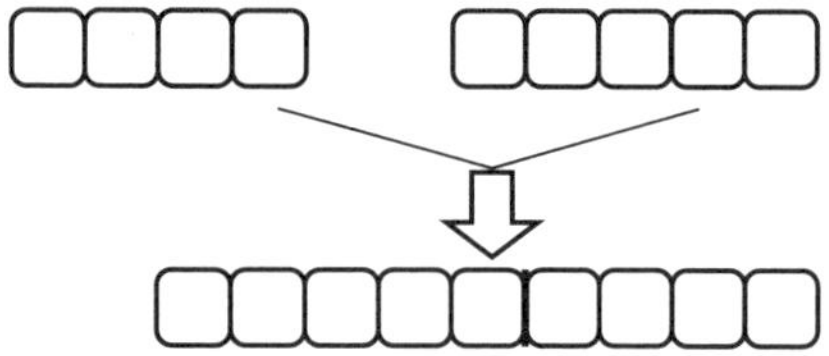

かんがえ2

① 15から ばらの □を ひいて 10。

15−6
□ 1

② 10から のこりの □を ひいて □。

15−6＝□

13 ひきざん (10)

ひきざん ⑩

なまえ

① 12−4＝

② 11−2＝

③ 12−3＝

④ 13−4＝

⑤ 13−5＝

⑥ 11−4＝

⑦ 16−7＝

⑧ 13−6＝

⑨ 14−5＝

⑩ 14−6＝

⑪ 18−9＝

⑫ 17−8＝

⑬ 12−5＝

⑭ 14−6＝

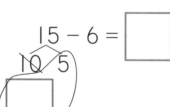

月　日

13 ひきざん（11）

ひきざん ⑪

なまえ

1　ぎょうざが 12こ あります。3こ たべると，のこりは なんこに なりますか。

しき

こたえ

2　けいさんを しましょう。

① 11 − 2 =　　② 12 − 5 =

③ 15 − 6 =　　④ 13 − 6 =

⑤ 11 − 4 =　　⑥ 12 − 3 =

⑦ 11 − 3 =　　⑧ 14 − 5 =

⑨ 13 − 4 =　　⑩ 16 − 7 =

⑪ 12 − 4 =　　⑫ 16 − 8 =

月　日

13 ひきざん（12）

ひきざん ⑫

なまえ

① 12 − 9 =　　② 17 − 8 =

③ 15 − 6 =　　④ 13 − 5 =

⑤ 11 − 9 =　　⑥ 14 − 9 =

⑦ 14 − 6 =　　⑧ 11 − 3 =

⑨ 16 − 8 =　　⑩ 13 − 6 =

⑪ 12 − 5 =　　⑫ 11 − 7 =

⑬ 14 − 7 =　　⑭ 14 − 5 =

⑮ 12 − 6 =　　⑯ 12 − 3 =

⑰ 11 − 2 =　　⑱ 15 − 7 =

⑲ 17 − 9 =　　⑳ 12 − 8 =

月　日

13 ひきざん（13）

ひきざん ⑬

なまえ

① 17 − 8 =

② 13 − 6 =

③ 14 − 5 =

④ 16 − 7 =

⑤ 11 − 8 =

⑥ 13 − 9 =

⑦ 13 − 7 =

⑧ 12 − 5 =

⑨ 18 − 9 =

⑩ 11 − 7 =

⑪ 15 − 7 =

⑫ 13 − 4 =

⑬ 12 − 3 =

⑭ 17 − 9 =

⑮ 11 − 5 =

⑯ 15 − 9 =

⑰ 15 − 8 =

⑱ 14 − 7 =

⑲ 12 − 9 =

⑳ 11 − 4 =

月　日

13 ひきざん（14）

ひきざん ⑭

なまえ

① 15 − 6 =

② 16 − 8 =

③ 12 − 4 =

④ 14 − 7 =

⑤ 14 − 9 =

⑥ 11 − 6 =

⑦ 17 − 9 =

⑧ 13 − 5 =

⑨ 11 − 3 =

⑩ 15 − 8 =

⑪ 12 − 7 =

⑫ 14 − 8 =

⑬ 11 − 9 =

⑭ 17 − 8 =

⑮ 18 − 9 =

⑯ 16 − 7 =

⑰ 12 − 6 =

⑱ 11 − 5 =

⑲ 13 − 8 =

⑳ 16 − 9 =

㉑ 13 − 7 =

㉒ 11 − 4 =

㉓ 14 − 6 =

㉔ 12 − 8 =

㉕ 12 − 9 =

㉖ 11 − 7 =

㉗ 15 − 9 =

㉘ 11 − 2 =

㉙ 15 − 7 =

㉚ 13 − 6 =

月　日

13 ひきざん（15）

ひきざん ⑮

なまえ

① 14 − 8 =　② 17 − 8 =　③ 16 − 7 =

④ 17 − 9 =　⑤ 11 − 5 =　⑥ 14 − 7 =

⑦ 11 − 2 =　⑧ 11 − 7 =　⑨ 12 − 8 =

⑩ 16 − 9 =　⑪ 13 − 7 =　⑫ 13 − 9 =

⑬ 14 − 5 =　⑭ 16 − 8 =　⑮ 11 − 6 =

⑯ 13 − 5 =　⑰ 15 − 8 =　⑱ 13 − 4 =

⑲ 12 − 3 =　⑳ 15 − 6 =　㉑ 12 − 4 =

㉒ 11 − 9 =　㉓ 13 − 8 =　㉔ 11 − 4 =

㉕ 12 − 7 =　㉖ 14 − 6 =　㉗ 13 − 6 =

㉘ 15 − 7 =　㉙ 12 − 5 =　㉚ 12 − 9 =

月　日

13 ひきざん（16）

ひきざん ⑯

なまえ

① 11 − 7 =　② 12 − 6 =　③ 16 − 8 =

④ 12 − 5 =　⑤ 11 − 8 =　⑥ 12 − 9 =

⑦ 13 − 6 =　⑧ 13 − 7 =　⑨ 11 − 3 =

⑩ 17 − 9 =　⑪ 11 − 5 =　⑫ 15 − 8 =

⑬ 12 − 8 =　⑭ 15 − 6 =　⑮ 11 − 4 =

⑯ 14 − 6 =　⑰ 16 − 9 =　⑱ 16 − 7 =

⑲ 13 − 8 =　⑳ 11 − 2 =　㉑ 17 − 9 =

㉒ 11 − 9 =　㉓ 12 − 4 =　㉔ 13 − 7 =

㉕ 12 − 6 =　㉖ 13 − 8 =　㉗ 15 − 9 =

㉘ 15 − 7 =　㉙ 14 − 6 =　㉚ 13 − 5 =

㉛ 13 − 6 =　㉜ 14 − 9 =　㉝ 13 − 4 =

㉞ 12 − 8 =　㉟ 12 − 7 =　㊱ 14 − 7 =

㊲ 16 − 7 =　㊳ 17 − 8 =　㊴ 18 − 9 =

㊵ 13 − 9 =　㊶ 12 − 3 =　㊷ 11 − 5 =

㊸ 14 − 5 =　㊹ 14 − 8 =　㊺ 11 − 6 =

月　日

13 ひきざん（17）

ひきざん ⑰

なまえ

① 12 − 5 =	② 14 − 7 =	③ 11 − 2 =
④ 16 − 8 =	⑤ 13 − 4 =	⑥ 15 − 7 =
⑦ 11 − 3 =	⑧ 15 − 9 =	⑨ 13 − 9 =
⑩ 13 − 7 =	⑪ 12 − 4 =	⑫ 14 − 6 =
⑬ 14 − 8 =	⑭ 15 − 6 =	⑮ 11 − 7 =
⑯ 13 − 6 =	⑰ 11 − 9 =	⑱ 13 − 5 =
⑲ 15 − 8 =	⑳ 12 − 7 =	㉑ 14 − 9 =
㉒ 11 − 6 =	㉓ 13 − 8 =	㉔ 12 − 4 =
㉕ 12 − 8 =	㉖ 18 − 9 =	㉗ 17 − 8 =
㉘ 11 − 4 =	㉙ 11 − 8 =	㉚ 16 − 7 =
㉛ 14 − 7 =	㉜ 17 − 9 =	㉝ 12 − 6 =
㉞ 13 − 6 =	㉟ 14 − 5 =	㊱ 11 − 5 =
㊲ 12 − 7 =	㊳ 12 − 9 =	㊴ 16 − 7 =
㊵ 12 − 3 =	㊶ 11 − 4 =	㊷ 15 − 7 =
㊸ 16 − 9 =	㊹ 14 − 6 =	㊺ 13 − 7 =

月　日

13 ひきざん（18）

ひきざん ⑱

なまえ

1　ももが　12こ　ありました。5こ　たべました。
のこりは　なんこですか。

しき

こたえ

2　ばすに　15にん　のって　います。そのうち
おとなは　9にんです。こどもは　なんにんですか。

しき

こたえ

3　おねえさんの　としは　14さいです。わたしの
としは　6さいです。おねえさんは　なんさい
としうえですか。

しき

こたえ

月　　日

13 ひきざん（19）

ひきざん ⑲

なまえ

1　たまごが 12こ ありました。ゆうごはんに 4こ つかいました。たまごは なんこに なりましたか。

しき

こたえ

2　おちゃが こっぷに 11ぱい あります。じゅうすが こっぷに 9はい あります。
おちゃの ほうが なんばい おおいでしょうか。

しき

こたえ

3　きいろい ちょうと しろい ちょうが あわせて 11ぴき います。しろい ちょうが 5ひきです。
きいろい ちょうは なんびきですか。

しき

こたえ

月　　日

13 ひきざん（20）

ひきざん ⑳

なまえ

1　ちゅうしゃじょうに とらっくが 13だい，ばすが 8だい とまって います。とらっくの ほうが なんだい おおいでしょうか。

しき

こたえ

2　こざるが 13びき，おやざるが 7ひき います。
どちらが，なんびき おおいでしょうか。

しき

こたえ

3　ものがたりの ほんが 8さつ，えほんが 15さつ あります。どちらが なんさつ おおいでしょうか。

しき

こたえ

月　日

13 ひきざん（21）

ひきざん ㉑

なまえ

1 11にんで あそんで いました。5じに なったので，4にん かえりました。のこって いるのは なんにん ですか。

しき

こたえ

2 かあどを おにいさんは 17まい，おとうとは 9まい もって います。ちがいは なんまいですか。

しき

こたえ

3 なしの ぜりいと ももの ぜりいが あわせて 14こ あります。なしの ぜりいが 8こです。ももの ぜりいは なんこですか。

しき

こたえ

月　日

13 ひきざん（22）

かあど れんしゅう ①

なまえ

● こたえが おおきい ほうに ○を つけましょう。

①	13 − 8			13 − 9
②	12 − 6			14 − 7
③	14 − 6			13 − 4
④	13 − 5			15 − 8
⑤	11 − 4			13 − 7
⑥	11 − 9			12 − 8
⑦	14 − 9			11 − 5
⑧	12 − 9			11 − 7

月　日

13 ひきざん (23)

かあど　れんしゅう ②

なまえ

● こたえが　おなじに　なる　かあどを　せんで　むすびましょう。

①

16 − 8 ・	・ 13 − 4
12 − 3 ・	・ 15 − 8
14 − 7 ・	・ 14 − 6

②

12 − 6 ・	・ 15 − 9
13 − 9 ・	・ 11 − 8
12 − 7 ・	・ 11 − 7
12 − 9 ・	・ 13 − 8

月　日

13 ひきざん (24)

かあど　れんしゅう ③

なまえ

● こたえが　おなじに　なる　かあどを　したから　えらんで □ に　かきましょう。

① 14 − 8 と　おなじ　こたえの　かあど

□ □ □

② 16 − 9 と　おなじ　こたえの　かあど

□ □ □ □

③ 16 − 8 と　おなじ　こたえの　かあど

□ □ □ □

□

11 − 2
11 − 3　12 − 3
11 − 4　12 − 4　13 − 4
11 − 5　12 − 5　13 − 5　14 − 5
11 − 6　12 − 6　13 − 6　14 − 6　15 − 6
11 − 7　12 − 7　13 − 7　14 − 7　15 − 7　16 − 7

13 ふりかえり・たしかめ（1）

ひきざん

月　　日

なまえ

1　17－9 の　けいさんの　しかたを　かんがえます。
□に　あてはまる　かずを　かきましょう。

①　7から　9は　ひけません。
17を　□　と　□　に
わけます。

17－9
□　□

②　10から　9を　ひくと　□。

17－9
10　7
□

③　□　と　7で　□。

17－9＝□
10　7
□

2　けいさんを　しましょう。

①　11－8＝　　②　13－7＝　　③　18－9＝

④　12－6＝　　⑤　14－5＝　　⑥　13－8＝

⑦　16－8＝　　⑧　12－4＝　　⑨　11－7＝

⑩　12－9＝　　⑪　15－7＝　　⑫　14－8＝

13 ふりかえり・たしかめ（2）

ひきざん

月　　日

なまえ

1　15－8 の　けいさんの　しかたを　かんがえます。
□に　あてはまる　かずを　かきましょう。

①　5から　8は　ひけません。
15を　□　と　□　に
わけます。

15－8
□　□

②　10から　8を　ひくと　□。

15－8
10　5
□

③　□　と　5で　□。

15－8＝□
10　5
□

2　けいさんを　しましょう。

①　13－9＝　　②　11－6＝　　③　14－7＝

④　12－7＝　　⑤　13－5＝　　⑥　14－9＝

⑦　13－6＝　　⑧　17－8＝　　⑨　12－5＝

⑩　11－3＝　　⑪　12－8＝　　⑫　16－9＝

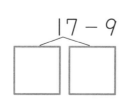

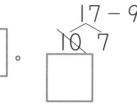

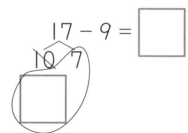

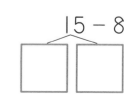

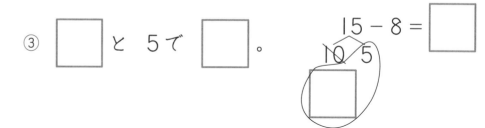

月　日

13 ふりかえり・たしかめ (3)

ひきざん

なまえ

1　さかなを 14ひき つりました。8ひき にがしました。
さかなは なんびきに なりましたか。

しき

こたえ

2　とまとが きのうは 9こ，きょうは 13こ とれました。きょうの ほうが なんこ おおいでしょうか。

しき

こたえ

3　ちゃいろい いぬと しろい いぬが あわせて 12ひき います。ちゃいろい いぬは 7ひきです。
しろい いぬは なんびきですか。

しき

こたえ

月　日

13 ふりかえり・たしかめ (4)

ひきざん

なまえ

● つぎの こたえに なる しきを つくりましょう。
あ，いの かずは，それぞれ したの ［　］から えらんで かきましょう。（なんどでも つかえます。）

① あ－い＝6

□－□＝6　□－□＝6　□－□＝6

□－□＝6　□－□＝6　□－□＝6

② あ－い＝5

□－□＝5　□－□＝5　□－□＝5

□－□＝5　□－□＝5

③ あ－い＝4

□－□＝4　□－□＝4

□－□＝4　□－□＝4

あ　10，11，12 13，14，15	い　4，5，6 7，8，9

13 まとめのテスト
ひきざん

なまえ

【知識・技能】

1　けいさんを　しましょう。(5×10)

① 13 − 6 =

② 14 − 9 =

③ 11 − 4 =

④ 16 − 8 =

⑤ 14 − 7 =

⑥ 12 − 3 =

⑦ 12 − 8 =

⑧ 18 − 9 =

⑨ 11 − 5 =

⑩ 15 − 7 =

【思考・判断・表現】

2　おねえさんは　12 さいで，おとうとは　7 さいです。ちがいは　なんさいですか。(5×2)

しき

こたえ

3　おりがみが　16 まい　ありました。7 まい　つかいました。なんまい　のこって　いますか。(5×2)

しき

こたえ

4　14 にん　あそんで　います。8 にんは　ぼうしを　かぶって　います。ぼうしを　かぶって　いないのは　なんにんですか。(5×2)

しき

こたえ

5　13 この　けえきを　9 にんが　1 こずつ　たべます。けえきは　なんこ　のこりますか。(5×2)

しき

こたえ

6　かるたとりで　ゆきさんは　9 まい，たくとさんは　12 まい　とりました。どちらが　なんまい　おおいで　しょうか。(5×2)

しき

こたえ

月　日

どんな　けいさんに なるのかな？ (1)

なまえ

1　いけの　なかに　あひるが　８わ　います。
５わ　くると，みんなで　なんわに　なりますか。

しき

こたえ

2　にわとりが　７わ，ひよこが　14わ　います。
どちらが　なんわ　おおいでしょうか。

しき

こたえ

3　わたしは　ぐみを　９こ，おとうとは　８こ
たべました。あわせて　なんこ　たべましたか。

しき

こたえ

月　日

どんな　けいさんに なるのかな？ (2)

なまえ

1　ばすに　18にん　のって　います。つぎの
ばすていで　８にん　おりました。ばすに　のって
いる　ひとは，なんにんに　なりましたか。

しき

こたえ

2　ここなさんは　９がつに　７さつ，10がつに
６さつ　ほんを　よみました。あわせて　なんさつに
なりますか。

しき

こたえ

3　18ほんの　くじが　あります。あたりは　３ぼんです。
はずれは　なんぼん　ありますか。

しき

こたえ

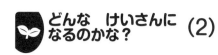

月　日

どんな　けいさんに　なるのかな？　(3)

なまえ

1　なすが　きのうは　11ぽん，きょうは　8ほん　とれました。きのうの　ほうが　なんぼん　おおいでしょうか。

しき

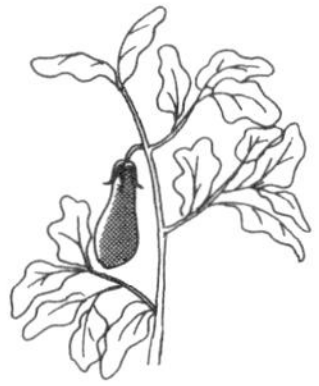

こたえ

2　ふうせんが　あります。あかい　ふうせんが　12こ，みずいろの　ふうせんが　4こです。ふうせんは，ぜんぶで　なんこですか。

しき

こたえ

3　はなが　14ほん　さいて　いました。6ぽん　かれて　しまいました。まだ，さいて　いる　はなは　なんぼんですか。

しき

こたえ

月　日

どんな　けいさんに　なるのかな？　(4)

なまえ

1　しかくい　つみきと　まるい　つみきが　あわせて　15こ　あります。しかくい　つみきは　9こです。まるい　つみきは　なんこですか。

しき

こたえ

2　おねえさんは　11さいで，わたしは　6さいです。おねえさんは　なんさい　としうえですか。

しき

こたえ

3　あさひさんは　はんかちを　8まい　もって　います。おかあさんから　7まい　もらいました。あさひさんの　はんかちは　なんまいに　なりましたか。

しき

こたえ

月　日

どんな　けいさんに なるのかな？ (5)

なまえ

1　えほんが 12 さつ　あります。6 さつ　よみました。
まだ　よんで　いない　えほんは　なんさつですか。

しき

こたえ

2　かきが　6 こ　あります。
また，8 こ　とれました。
かきは　ぜんぶで　なんこに　なりますか。

しき

こたえ

3　たまいれを　すると，あかぐみは　9 てん，
しろぐみは　12 てんでした。しろぐみの　ほうが
なんてん　おおいでしょうか。

しき

こたえ

月　日

どんな　けいさんに なるのかな？ (6)

なまえ

1　こうえんの　すなばで　あそんで　いる　ひとが
7 にん，ゆうぐで　あそんで　いる　ひとが　9 にん
います。あわせて　なんにん　いますか。

しき

こたえ

2　ねこが　7 ひき，いぬが　11 ぴき　います。
どちらが　なんびき　おおいでしょうか。

しき

こたえ

3　こうえんに　おとなと　こどもが　あわせて　16 にん
います。おとなは　9 にんです。
こどもは　なんにんですか。

しき

こたえ

月　日

どんな　けいさんに なるのかな？ (7)

なまえ

1　ひろしさんは　えんぴつを　8ほん　もって　います。
6ぽん　かって　もらいました。ひろしさんの
えんぴつは，なんぼんに　なりましたか。

しき

こたえ

2　えを　みて，たしざんの　おはなしを　かきましょう。

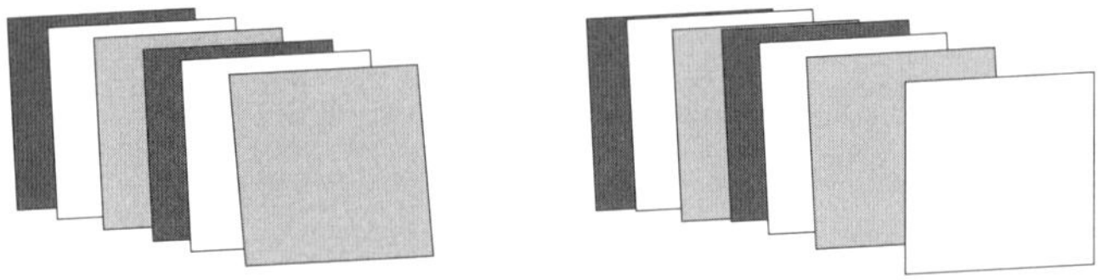

月　日

どんな　けいさんに なるのかな？ (8)

なまえ

1　りんごが　15こ　ありました。7こ　たべました。
りんごは　なんこ　のこって　いますか。

しき

こたえ

2　えを　みて，ひきざんの　おはなしを　かきましょう。

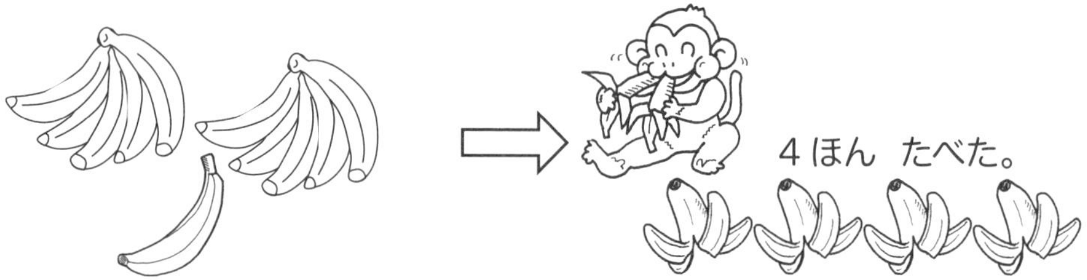

月　　日

どんな　けいさんに なるのかな？ (9)

なまえ

1　おんどりと　めんどりが　あわせて　13わ　います。
5わが　おんどりです。
めんどりは　なんわですか。

しき

こたえ

2　えを　みて，ひきざんの　おはなしを　かきましょう。

月　　日

どんな　けいさんに なるのかな？ (10)

なまえ

1　おにいさんは　どんぐりを　17こ　もって　います。
おとうとは　9こ　もって　います。おにいさんの
どんぐりの　ほうが　なんこ　おおいでしょうか。

しき

こたえ

2　えを　みて，ひきざんの　おはなしを　かきましょう。

月　　日

14 おおきい　かず（1）

おおきい　かずを　かぞえよう ①

なまえ

● 10ずつ ◯で かこんで，かずを かぞえましょう。
そして，□に あてはまる かずを かきましょう。

①

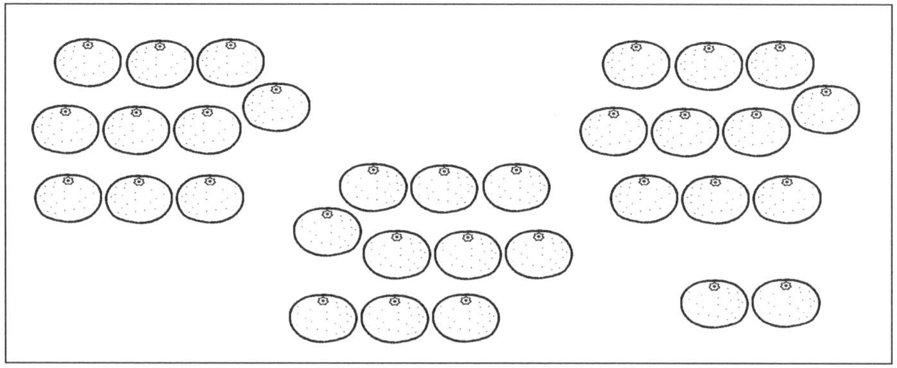

10が 3こで □。30と □ で □。

②

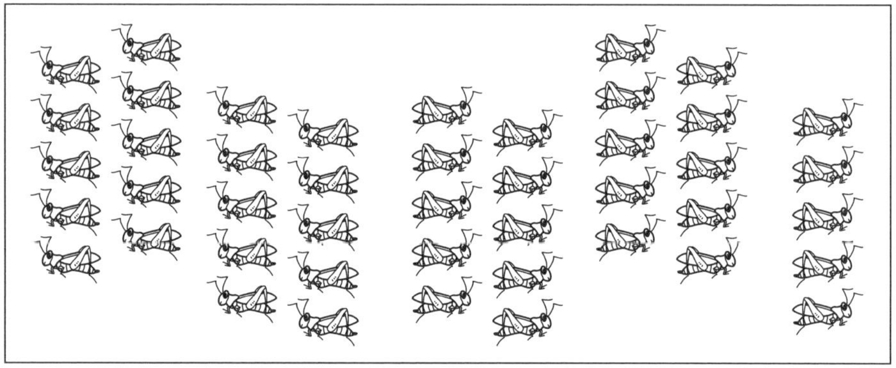

10が 4こで □。40と □ で □。

月　　日

14 おおきい　かず（2）

おおきい　かずを　かぞえよう ②

なまえ

● 10ずつ ◯で かこんで，かずを かぞえましょう。
そして，□に あてはまる かずを かきましょう。

①

10が □ こで □。

②

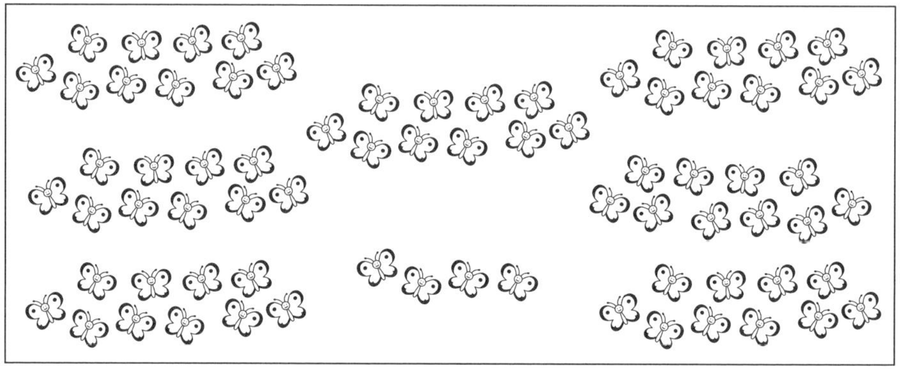

10が □ こで □。70と □ で □。

月　　日

14 おおきい　かず (3)

おおきい　かずを　かぞえよう ③

なまえ

● 10ずつ ⬭で　かこんで，かずを　かぞえましょう。
そして，□に　あてはまる　かずを　かきましょう。

①

10が □ こで □。60と □ で □。

②

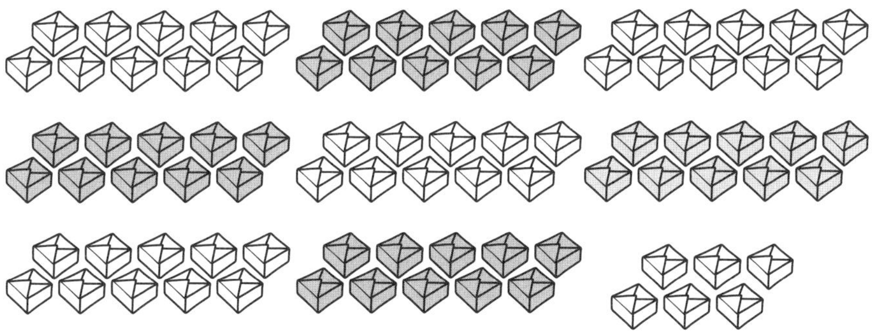

10が □ こで □。80と □ で □。

月　　日

14 おおきい　かず (4)

おおきい　かずを　かぞえよう ④

なまえ

● ブロックの　かずを，すうじで　かきましょう。

①

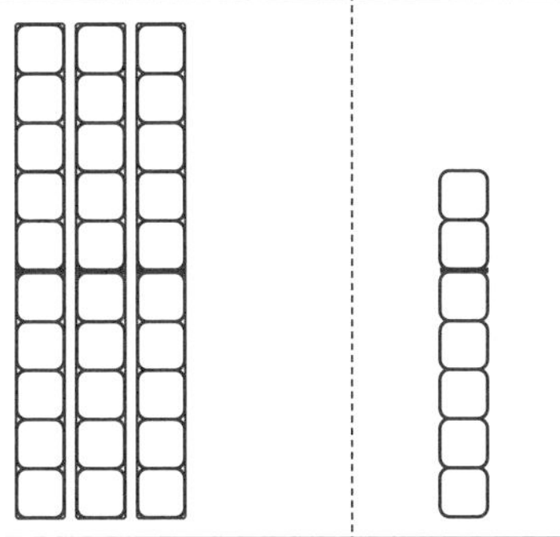

十《じゅう》のくらい	一《いち》のくらい

②

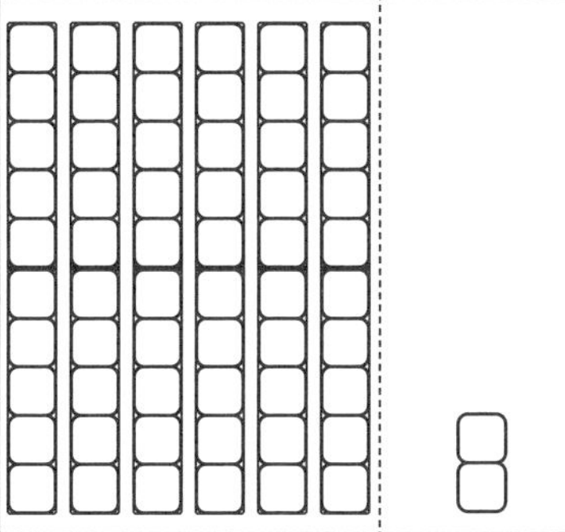

十のくらい	一のくらい

③

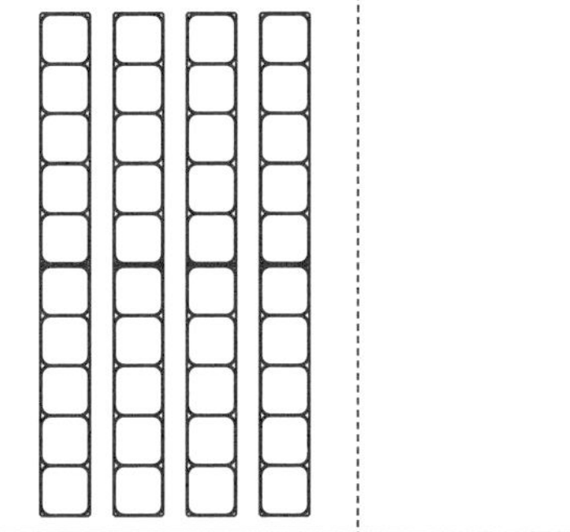

十のくらい	一のくらい

④

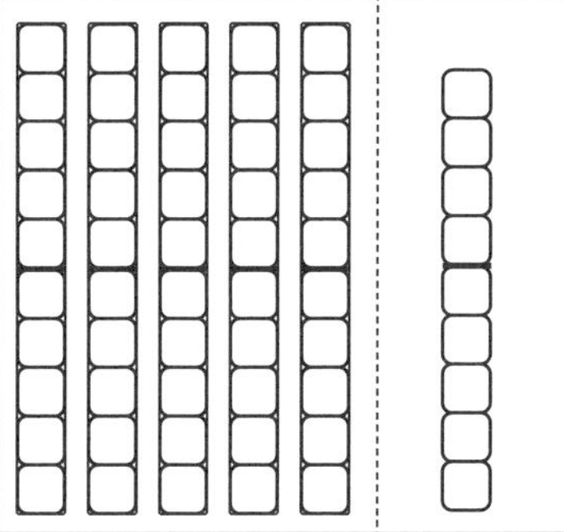

十のくらい	一のくらい

月　　日

14 おおきい　かず（5）

おおきい　かずを　かぞえよう ⑤

なまえ

● ブロックの　かずを，すうじで　かきましょう。

①

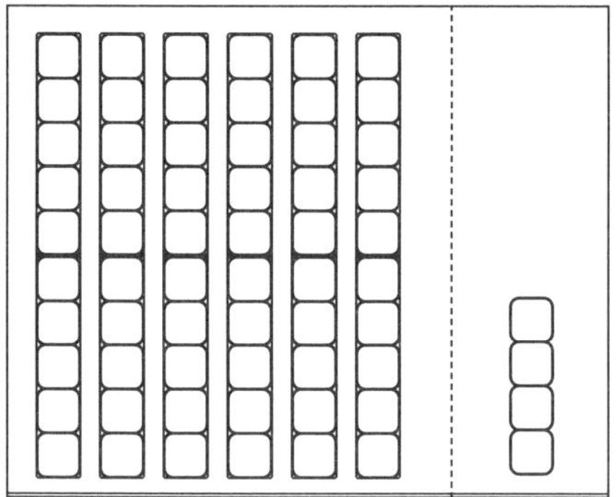

十《じゅう》のくらい	一《いち》のくらい

②

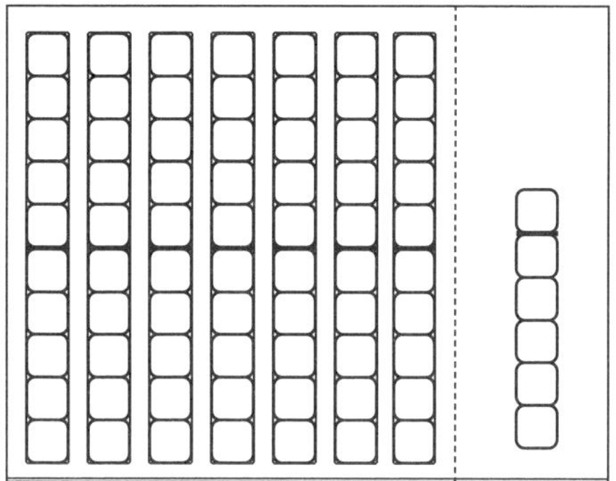

十のくらい	一のくらい

③

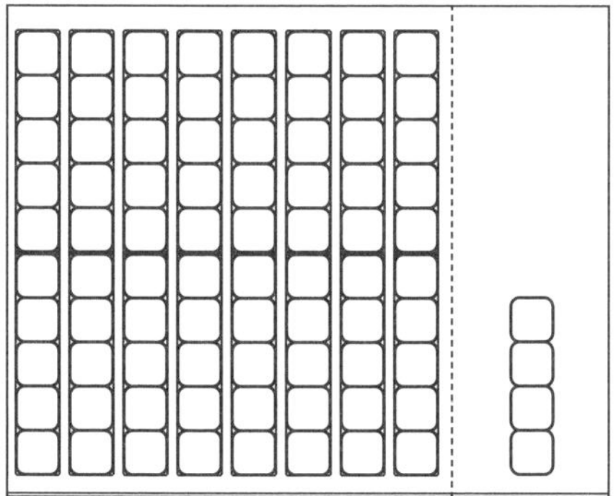

十のくらい	一のくらい

④

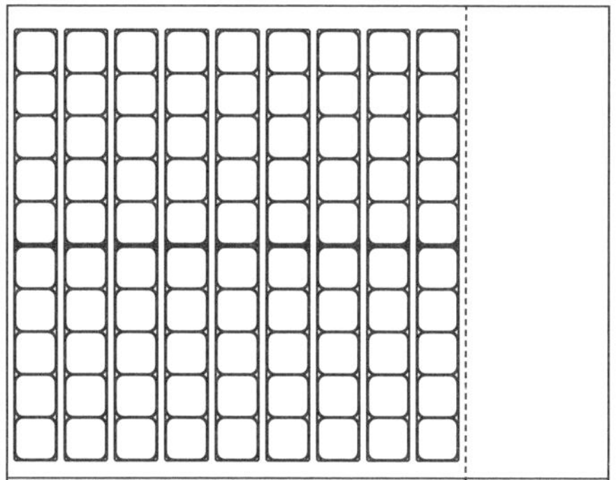

十のくらい	一のくらい

月　　日

14 おおきい　かず（6）

おおきい　かずを　かぞえよう ⑥

なまえ

● かずだけ　ブロックを　ぬりましょう。

① 35

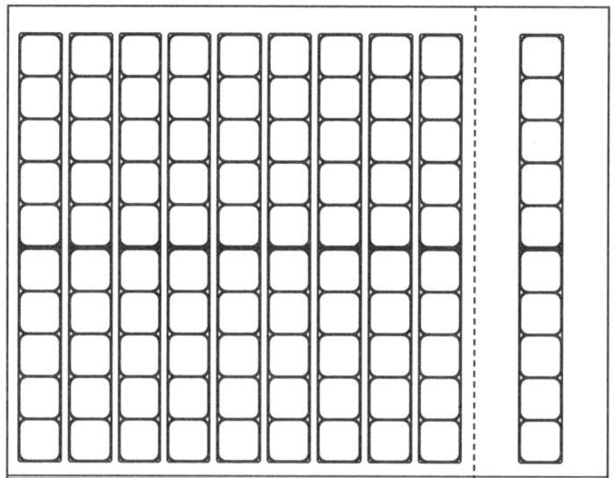

十《じゅう》のくらい	一《いち》のくらい

② 44

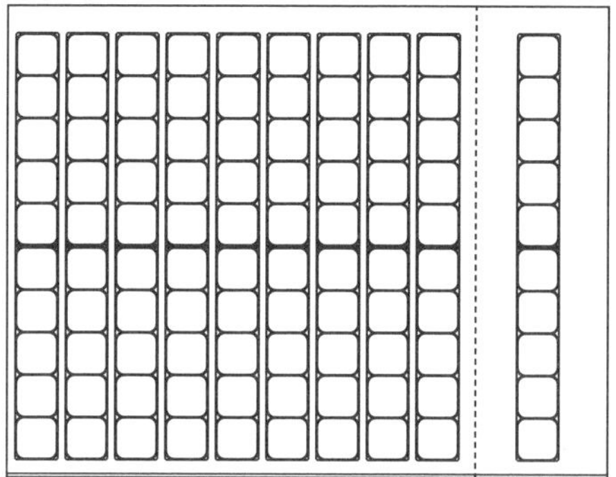

十のくらい	一のくらい

③ 62

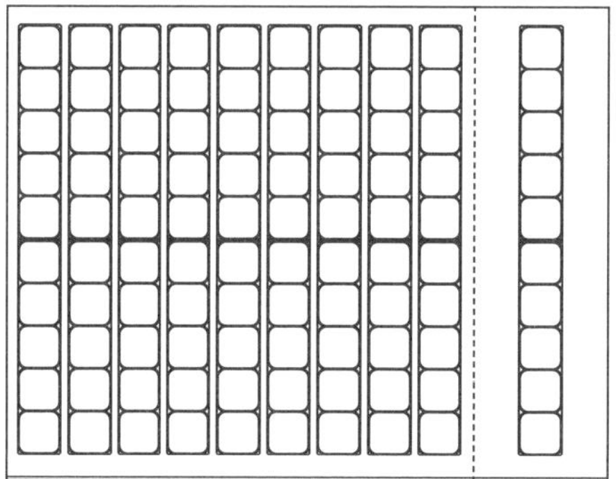

十のくらい	一のくらい

④ 80

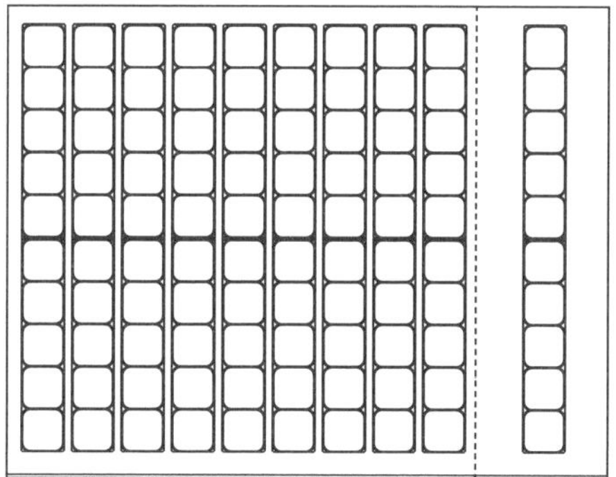

十のくらい	一のくらい

月　　日

14 おおきい　かず (7)

おおきい　かずを　かぞえよう ⑦

なまえ

● かずを　かぞえて，□に　かきましょう。

① たまご

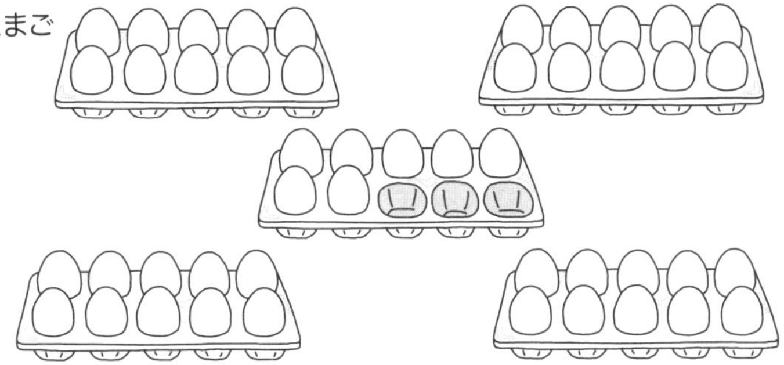

② クレヨン

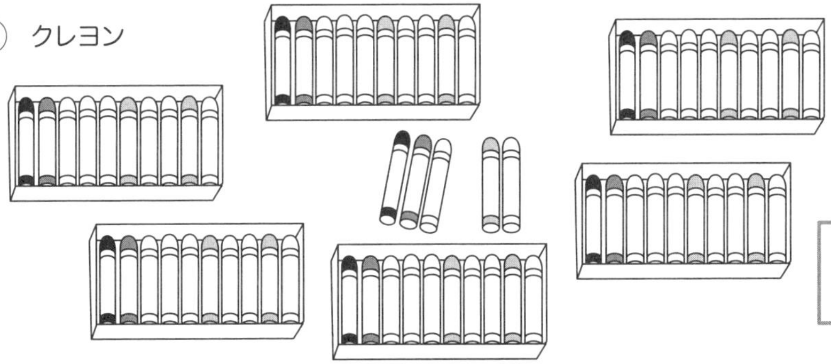

③ ドーナツ

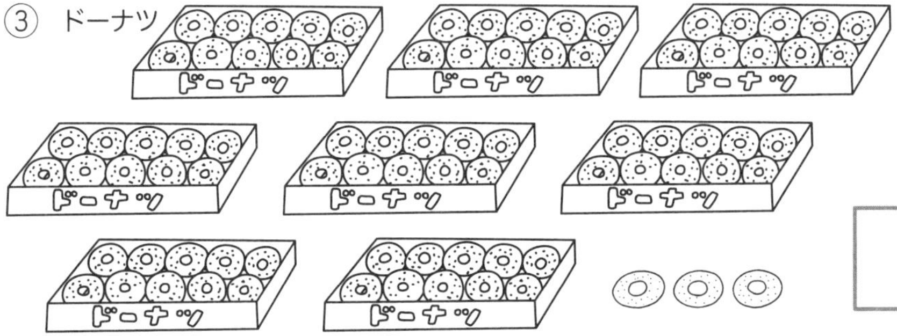

月　　日

14 おおきい　かず (8)

おおきい　かずを　かぞえよう ⑧

なまえ

● かずを　かぞえて，□に　かきましょう。

① かぞえぼう

② おりがみ

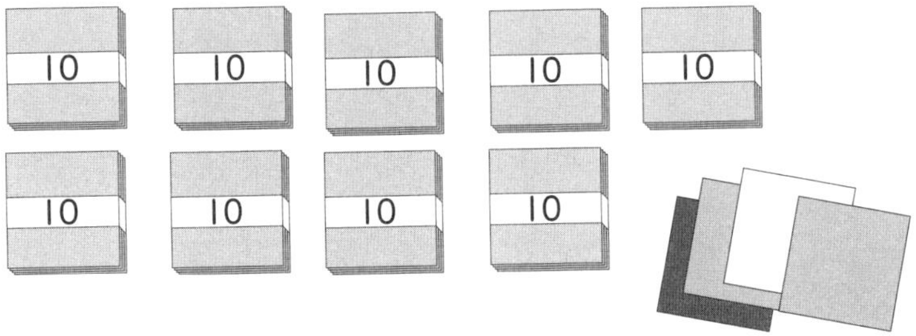

③ チョコレート

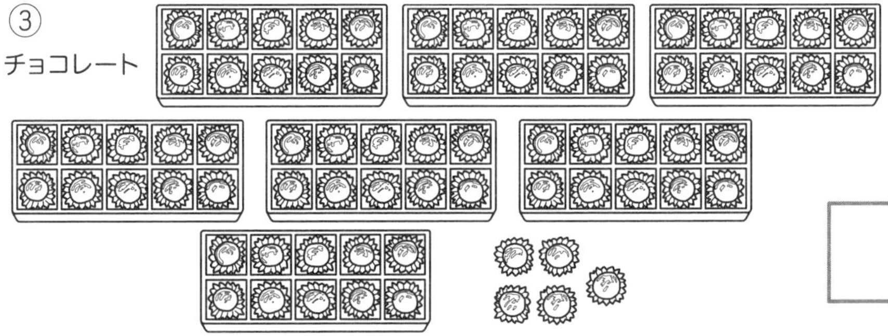

月　　日

14 おおきい　かず (9)

おおきい　かずを　かぞえよう ⑨

なまえ

● いすの　かずを　かぞえて，□に　かきましょう。

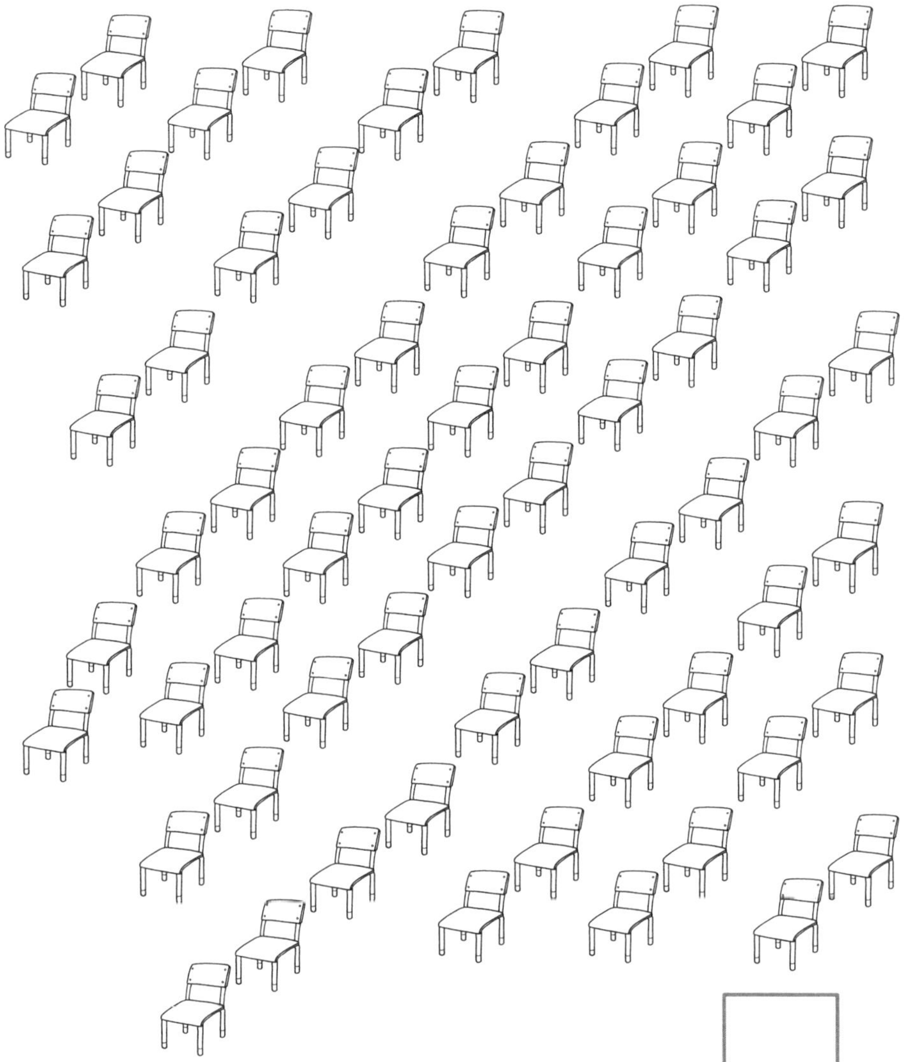

月　　日

14 おおきい　かず (10)

おおきい　かずを　かぞえよう ⑩

なまえ

● クローバーの　かずを　かぞえて，□に　かきましょう。

14 おおきい　かず（15）

99 より　おおきい　かず ①

なまえ

● どんぐりの　かずを，10 ずつ ⬭ で　かこんで，かぞえましょう。そして，したの □ に　あてはまる　かずを　かきましょう。

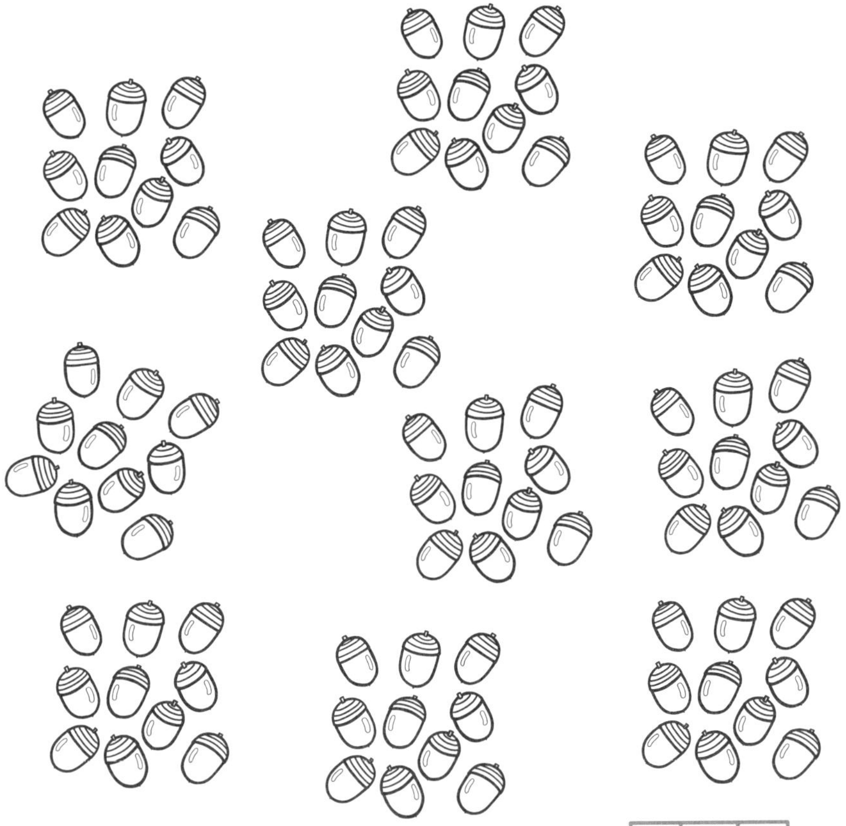

□□□ こ

10が □ こで　百《ひゃく》です。

百は，□□□ と　かきます。

14 おおきい　かず（16）

99 より　おおきい　かず ②

なまえ

● ブロックの　かずを　かぞえて，□ に　あてはまる　かずを　かきましょう。

①

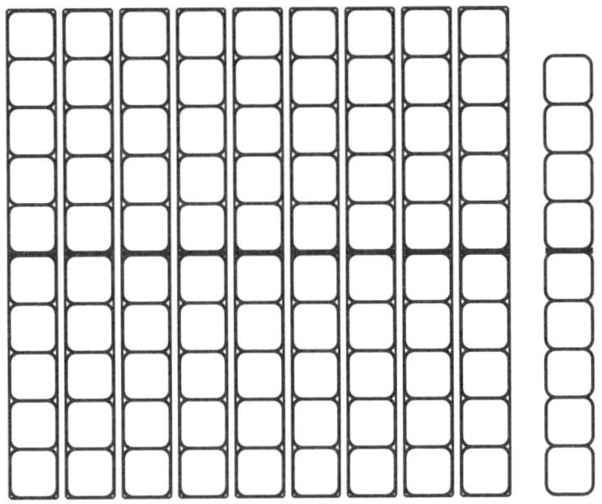

10が 9こで □，

1が 9こで □，

90と 9で □

②

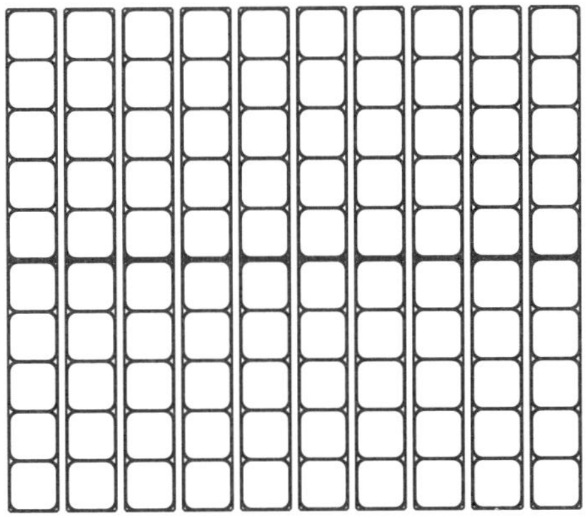

10が □ こで，百《ひゃく》です。

百は，□□□ と　かきます。

100は，99より □ おおきい　かずです。

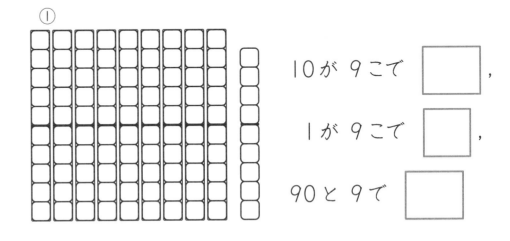

月　　日

14 おおきい　かず (17)

99 より　おおきい　かず ③

なまえ

● かずを　かぞえて，□に　かきましょう。

① みかん

②キャラメル

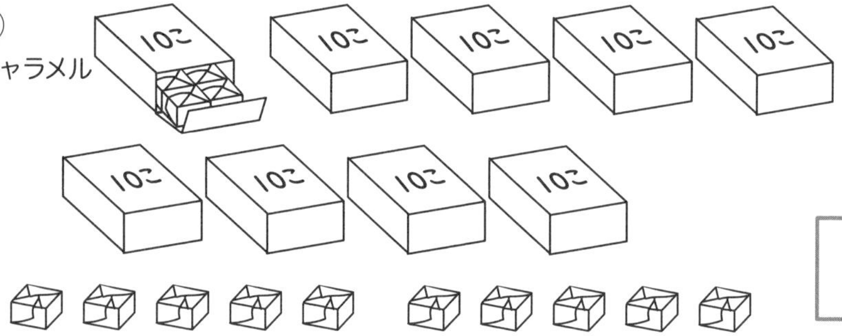

③ チューリップ

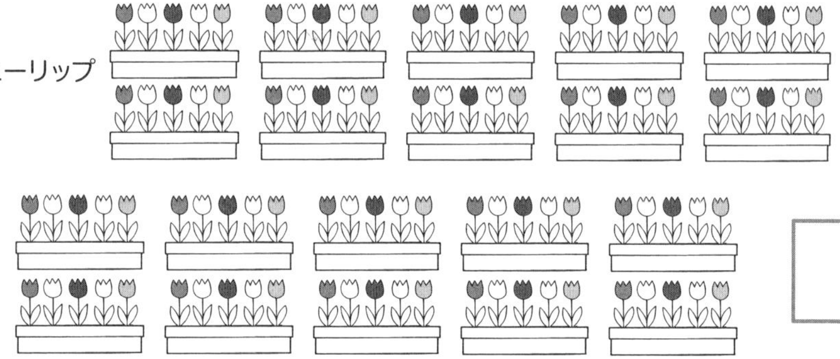

月　　日

14 おおきい　かず (18)

かずの　ならびかた ①

なまえ

● 100までの　かずが　ならんで　います。
□に　あてはまる　かずを　かきましょう。

0	1	2	3	4		6	7	8	9
10		12	13	14		16	17	18	19
20	21		23	24		26	27	28	29
30	31	32		34		36	37	38	39
40	41	42	43			46	47	48	49
50	51	52	53	54		56	57	58	59
60	61	62	63	64			67	68	69
70	71	72	73	74		76		78	79
80	81	82	83	84		86	87		89
90	91	92	93	94		96	97	98	
100									

月　　日

なまえ

14 おおきい　かず（19）

かずの　ならびかた ②

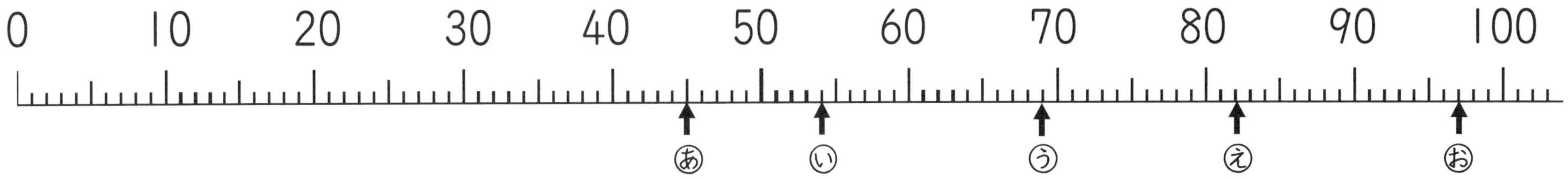

1　かずの　せんを　みて，ⓐ〜ⓞの　めもりが　あらわす　かずを　かきましょう。

ⓐ □　ⓘ □　ⓤ □

ⓔ □　ⓞ □

2　おおきい　ほうに　○を　つけましょう。

① 60　58

② 67　76

③ 81　79

④ 99　100

3　かずのせんを　つかって　しらべましょう。

① 53より　4　おおきい　かず □

② 58より　3　ちいさい　かず □

③ 61より　2　ちいさい　かず □

④ 79より　4　おおきい　かず □

⑤ 87より　5　おおきい　かず □

⑥ 91より　3　ちいさい　かず □

月　　日

14 おおきい　かず（20）

かずの　ならびかた ③

なまえ

● □に　あてはまる　かずを　かきましょう。

①
76 － 77 － □ － □ － □ － 81 － □ － 83

②
93 － 94 － □ － □ － 97 － □ － □ － 100

③
72 － 71 － □ － □ － 68 － □ － 66 － □

④
□ － 40 － 50 － □ － □ － 80 － 90 － □

⑤
100 － □ － □ － 97 － 96 － □ － □ － 93

⑥
□ － 90 － 80 － □ － □ － 50 － □ － □

月　　日

14 おおきい　かず（21）

100より　おおきい　かず ①

なまえ

● かずを　かぞえましょう。（　　）には　ひらがなで，□には　すうじで　かきましょう。

①

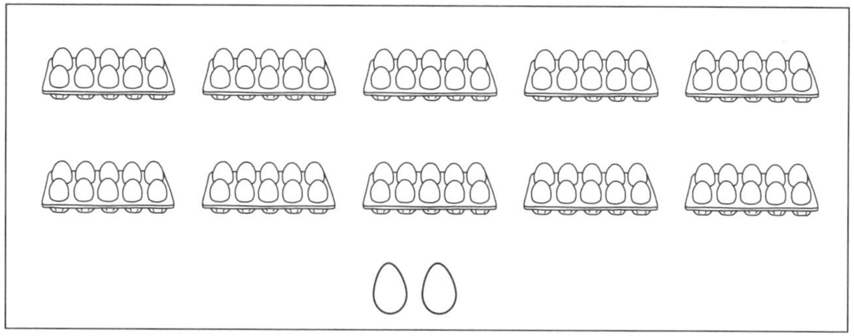

100　と　2で（　　　　　　）

ひゃくには □ と　かきます。

②

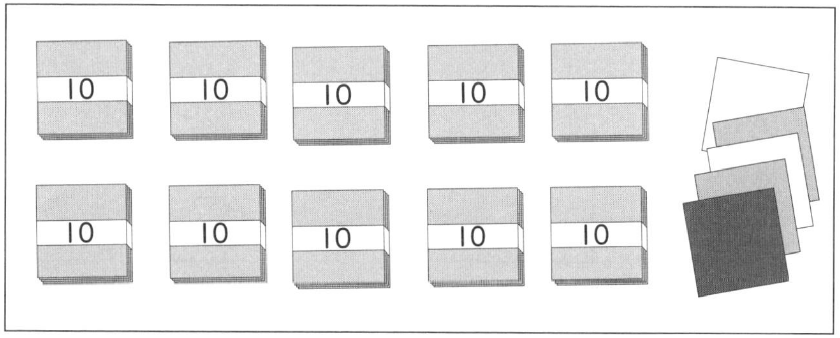

100　と　5で（　　　　　　）

ひゃくごは □ と　かきます。

月　　日

14 おおきい　かず（22）

100より　おおきい　かず ②

なまえ

● かずを　かぞえて，□に　かきましょう。

① おりがみ

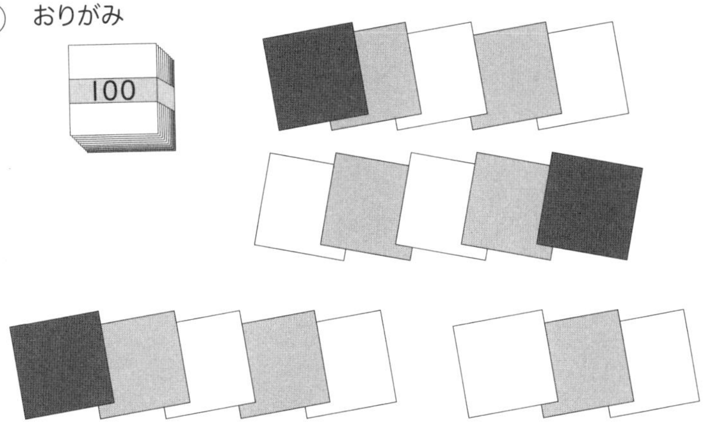

□

② シュークリーム

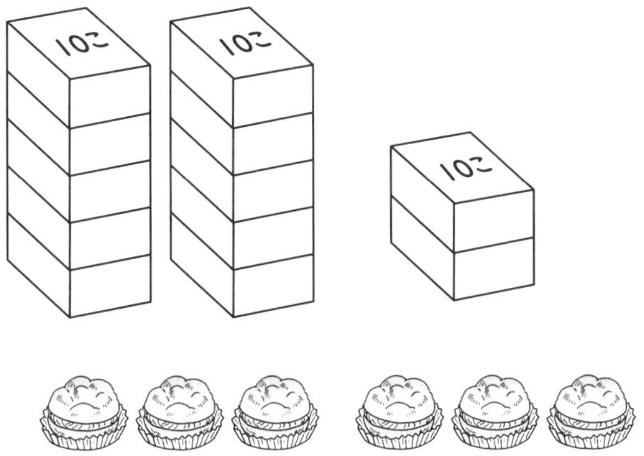

□

月　　日

14 おおきい　かず（23）

100より　おおきい　かず ③

なまえ

● かずを　かぞえて，□に　かきましょう。

① かぞえぼう

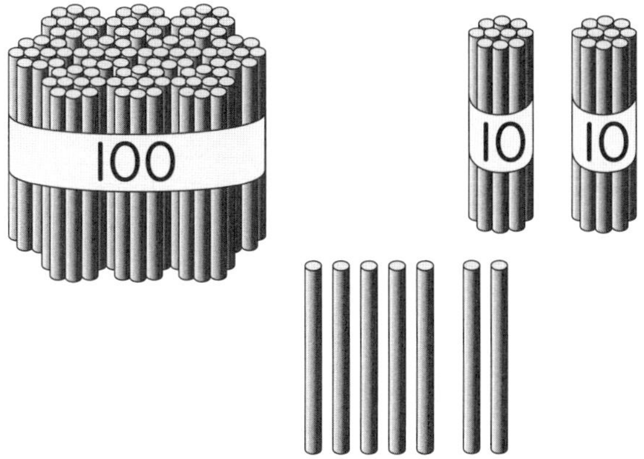

□

② ブロック

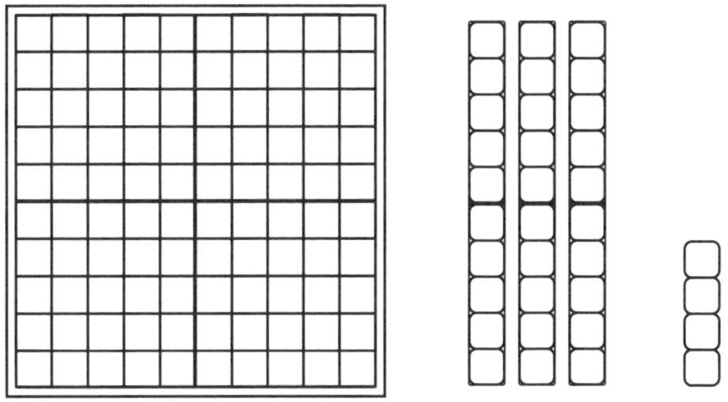

□

月　　日

14 おおきい　かず（24）

100 より　おおきい　かず ④

なまえ

● □に　あてはまる　かずを　かきましょう。

① —97—98—□—□—□—□—103—104—

② —105—106—107—□—□—□—111—112—

③ —116—117—□—119—□—□—122—123—

④ —60—70—80—□—□—□—120—130—

⑤ —114—113—112—□—□—□—108—107—

⑥ —123—122—121—□—□—□—117—116—

月　　日

14 おおきい　かず（25）

100 より　おおきい　かず ⑤

なまえ

● □に　あてはまる　かずを　かきましょう。

① —□—□—□—100—□—102—103—104—

② —108—□—□—□—112—113—114—□—

③ —□—□—□—121—122—123—□—125—

④ —102—□—□—□—98—97—96—□—

⑤ —113—□—□—□—□—108—107—106—

⑥ —130—□—□—□—□—80—70—60—

月　　日

14 おおきい　かず (26)

かずと しき ①

なまえ

1　□に　あてはまる　かずを　かきましょう。

①　40と　5を　あわせた

かずは □ です。

しき　□ + 5 = □

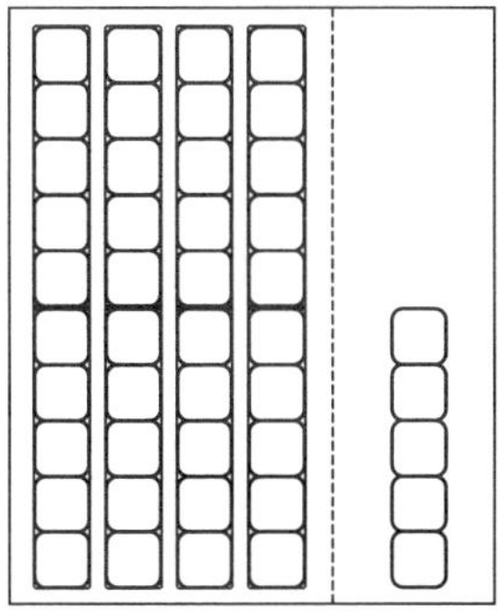

②　50に　7を　たした　かずは □ です。

しき　50 + □ = □

2　けいさんを　しましょう。

① 70 + 3 =　　② 30 + 9 =

③ 60 + 4 =　　④ 80 + 6 =

⑤ 90 + 8 =　　⑥ 40 + 1 =

月　　日

14 おおきい　かず (27)

かずと しき ②

なまえ

1　□に　あてはまる　かずを　かきましょう。

①　45から　5を　とった

かずは □ です。

しき　45 − □ = □

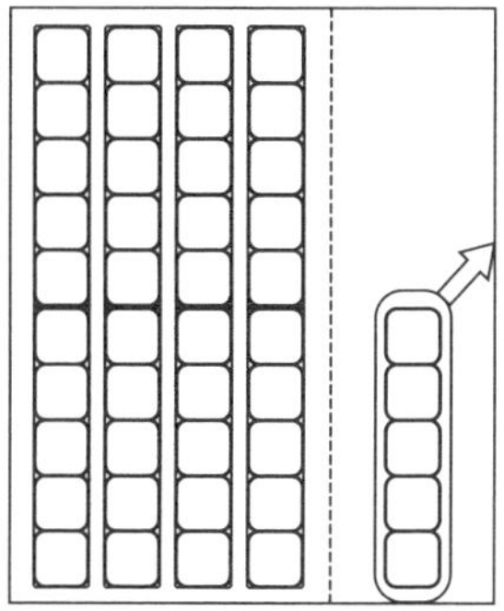

②　57から　7を　ひいた　かずは □ です。

しき　57 − □ = □

2　けいさんを　しましょう。

① 72 − 2 =　　② 68 − 8 =

③ 91 − 1 =　　④ 39 − 9 =

⑤ 83 − 3 =　　⑥ 44 − 4 =

月　　日

14 おおきい　かず（28）
かずと しき ③

なまえ

1　36 + 2 の　けいさんの　しかたを　かんがえます。
□に　あてはまる　かずを　かきましょう。

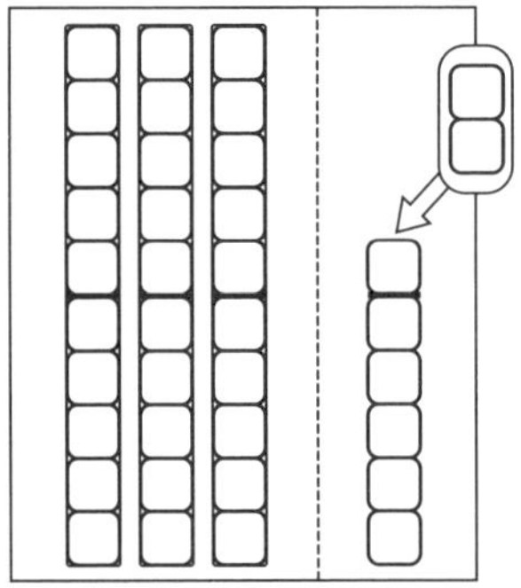

36 は，30 と □ に

わけられます。

□ + 2 を　します。

36 + 2 = □

2　けいさんを　しましょう。

① 42 + 5 =　　② 54 + 3 =

③ 74 + 4 =　　④ 92 + 6 =

⑤ 61 + 3 =　　⑥ 82 + 7 =

月　　日

14 おおきい　かず（29）
かずと しき ④

なまえ

1　39 − 2 の　けいさんの　しかたを　かんがえます。
□に　あてはまる　かずを　かきましょう。

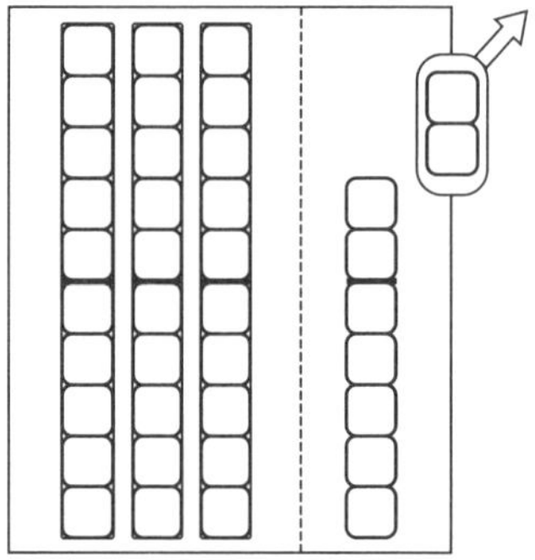

39 は，30 と □ に

わけられます。

□ − 2 を　します。

39 − 2 = □

2　けいさんを　しましょう。

① 87 − 5 =　　② 65 − 3 =

③ 59 − 3 =　　④ 77 − 4 =

⑤ 94 − 3 =　　⑥ 48 − 6 =

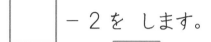

月　　日

14 おおきい　かず（30）

かずと しき⑤

なまえ

1　あめが 40こと 20こ あります。
あめは，ぜんぶで なんこ ありますか。

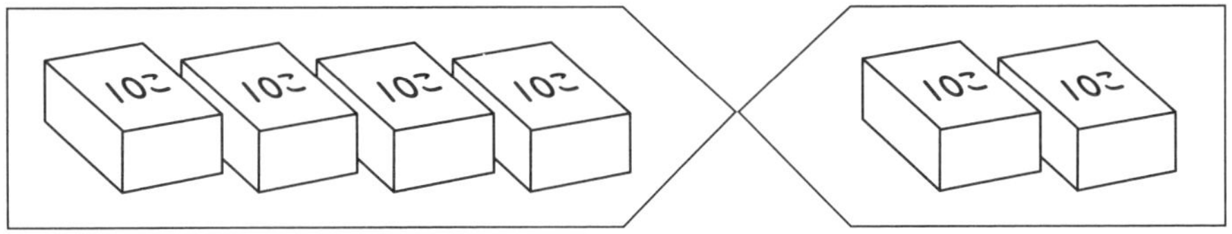

しき

こたえ

2　けいさんを　しましょう。

① $20+30=$　　② $50+30=$

③ $20+70=$　　④ $30+40=$

⑤ $50+50=$　　⑥ $60+40=$

⑦ $30+70=$　　⑧ $20+80=$

月　　日

14 おおきい　かず（31）

かずと しき⑥

なまえ

1　あめが 60こ あります。
20こ たべると，のこりは なんこに なりますか。

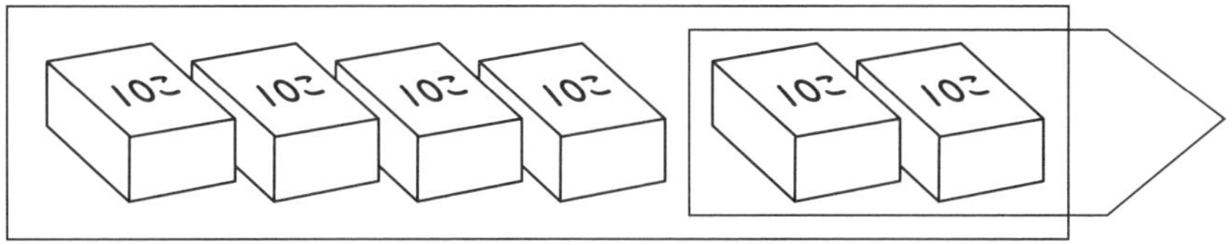

しき

こたえ

2　けいさんを　しましょう。

① $50-10=$　　② $70-50=$

③ $90-40=$　　④ $80-40=$

⑤ $100-30=$　　⑥ $100-50=$

⑦ $100-60=$　　⑧ $100-90=$

月　　日

14 ふりかえり・たしかめ (1)

おおきい　かず

なまえ

● かずを　かぞえて，□に　かきましょう。

① はと

□

② クッキー

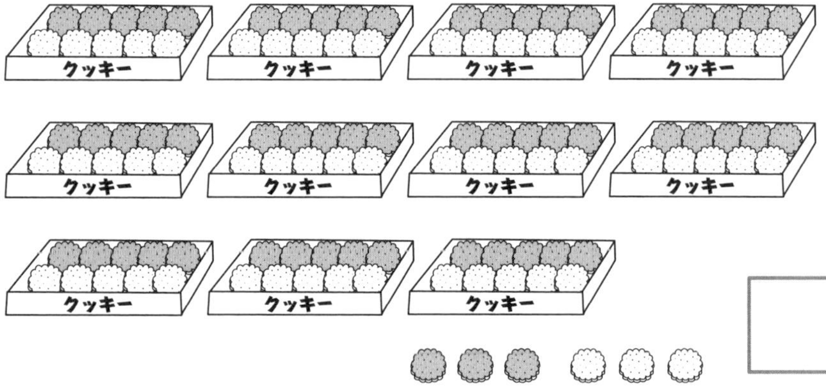

□

月　　日

14 ふりかえり・たしかめ (2)

おおきい　かず

なまえ

● ブロックの　かずを，すうじで　かきましょう。

① □

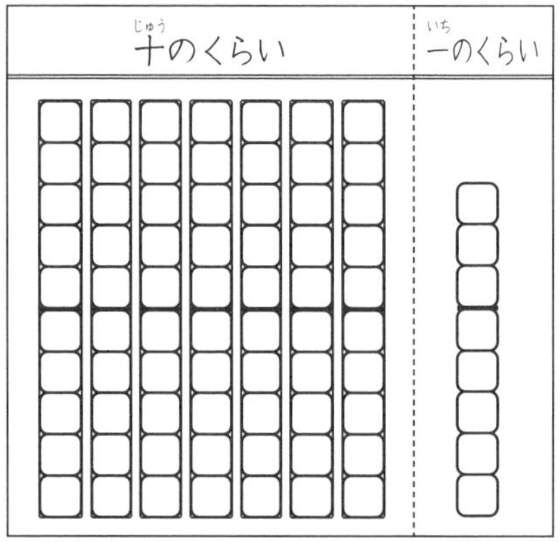

② □

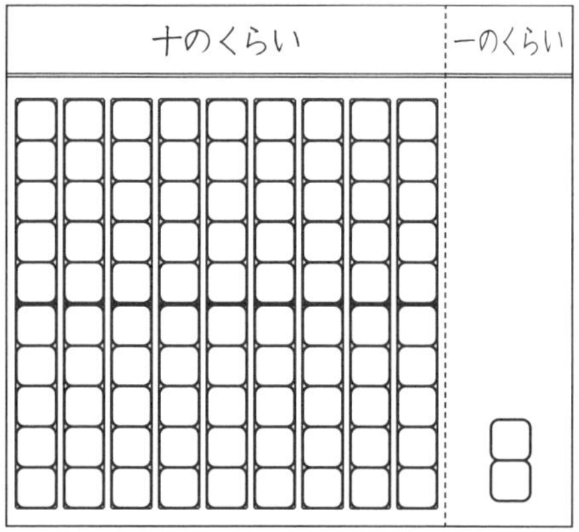

③ □

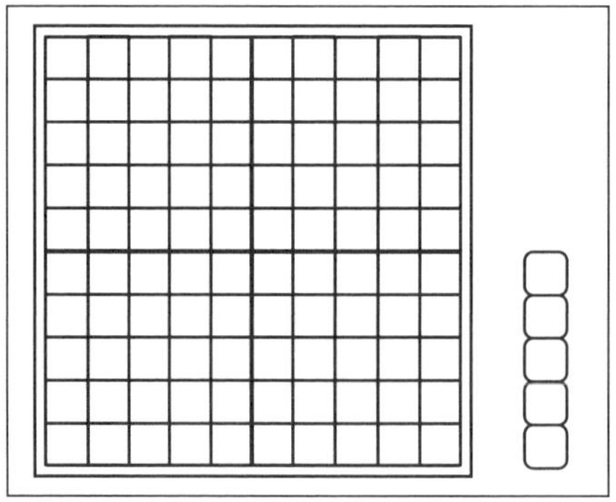

④ □

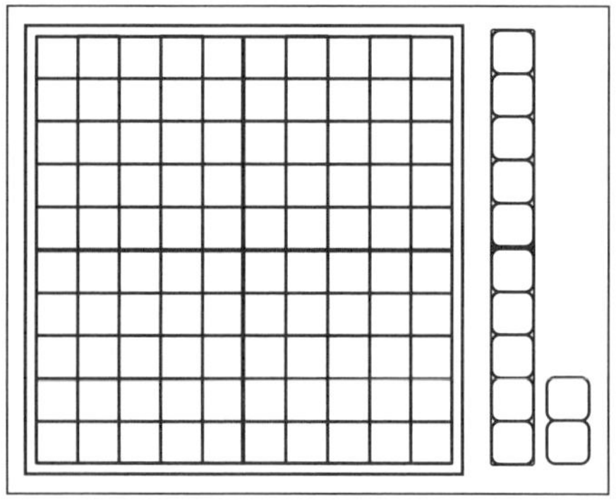

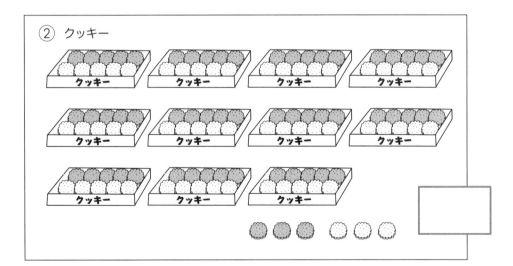

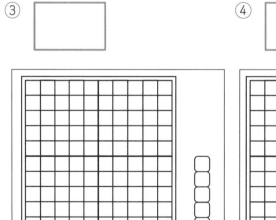

月　　日

14 ふりかえり・たしかめ (3)
おおきい　かず

なまえ

● □に　あてはまる　かずを　かきましょう。

① 10が　4こで　□，1が　9こで　□，
40と　9で　□

② 67は，十《じゅう》のくらいが　□，
一《いち》のくらいが　□

③ 90は，十のくらいが　□，
一のくらいが　□

④ □は，十のくらいが　9，一のくらいが　1

⑤ □は，10が　5こと，1が　4こ

⑥ □は，10が　6こ

⑦ □は，10が　10こ

⑧ 100と　5で　□

月　　日

14 ふりかえり・たしかめ (4)
おおきい　かず

なまえ

1 かずの　せんを　みて，㋐〜㋔の　めもりが　あらわす　かずを　かきましょう。

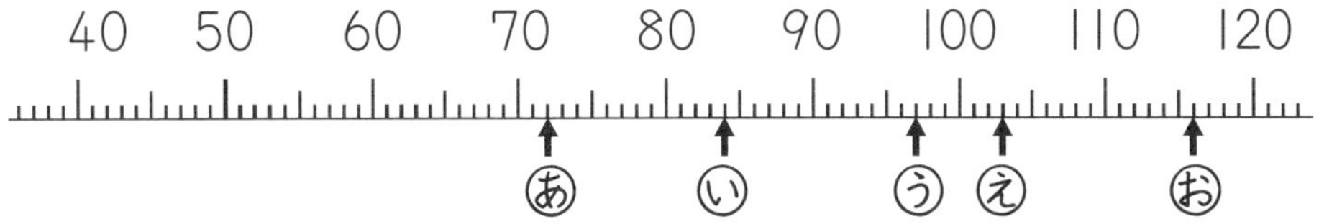

㋐ □　㋑ □　㋒ □
㋓ □　㋔ □

2 つぎの　かずを　□に　かきましょう。

① 61より　3　おおきい　かず　□

② 96より　4　ちいさい　かず　□

③ 100より　7　おおきい　かず　□

1の　かずの　せんを
つかって　かんがえよう。

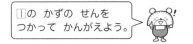

月　日

14 ふりかえり・たしかめ (5)

おおきい　かず

なまえ

1　あかい　チューリップの　はなが　30ぽん，きいろい　チューリップの　はなが　40ぽん　さいて　います。
あわせると　なんぼんに　なりますか。

しき

こたえ

2　けいさんを　しましょう。

① 50 + 3 =　　② 70 + 9 =

③ 80 + 20 =　　④ 61 + 7 =

⑤ 60 + 8 =　　⑥ 70 + 30 =

⑦ 34 + 5 =　　⑧ 40 + 20 =

⑨ 30 + 60 =　　⑩ 10 + 90 =

月　日

14 ふりかえり・たしかめ (6)

おおきい　かず

なまえ

1　きれいな　おちばを　45まい　ひろいました。
そのうち　5まいを　ともだちに　あげました。
きれいな　おちばは，なんまい　のこって　いますか。

しき

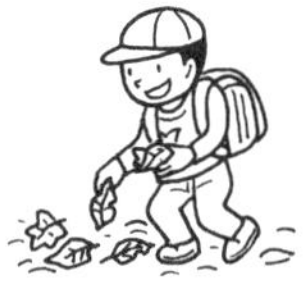

こたえ

2　けいさんを　しましょう。

① 70 − 20 =　　② 78 − 6 =

③ 93 − 3 =　　④ 87 − 4 =

⑤ 100 − 80 =　　⑥ 100 − 40 =

⑦ 39 − 5 =　　⑧ 66 − 6 =

⑨ 60 − 20 =　　⑩ 100 − 10 =

14 まとめのテスト
おおきい　かず

なまえ

【知識・技能】

1　かずを　かぞえて，すうじで
かきましょう。(10×2)

①

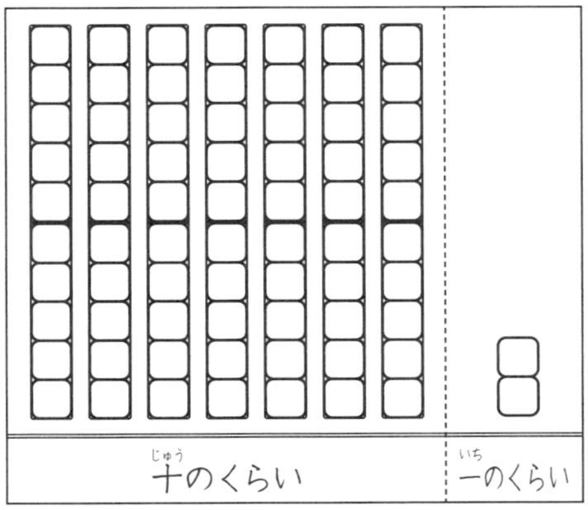

□

②

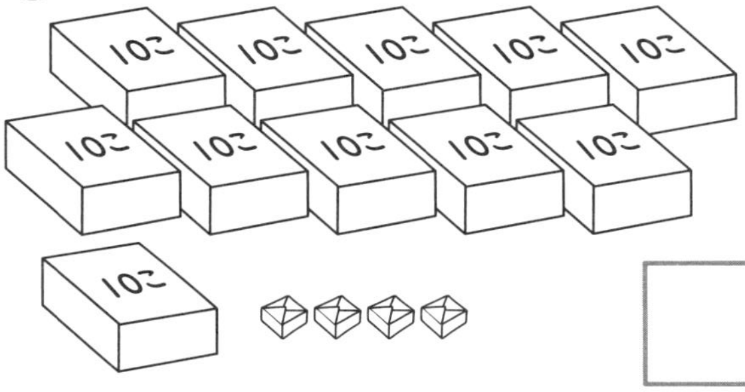

□

2　□に　あてはまる　かずを
かきましょう。(5×2)

①　97 — 98 — □ — □ — □

②　70 — 80 — □ — □ — □

3　けいさんを　しましょう。(5×4)

① 70 + 8 =

② 52 + 4 =

③ 88 − 5 =

④ 100 − 60 =

【思考・判断・表現】

4　□に　あてはまる　かずを
かきましょう。(5×6)

①　十のくらいが　4，一のくらいが
1の　かずは　□

②　90と　3を　あわせた　かずは
□

③　10が　8こと　1が　5こで
□

④　10が　7こで　□

⑤　10が　10こで　□

⑥　100と　8を　あわせた　かずは
□

5　かいがらを　50こ
ひろいました。
20こ　おとうとに
あげました。
のこりは　なんこに　なりましたか。
(10×2)

しき

こたえ

月　　日

15 どちらが　ひろい (1)

どちらが　ひろい ①

なまえ

● どちらが　ひろいでしょうか。
ひろい　ほうの（　　）に　○を　つけましょう。

①

あ（　　）　　い（　　）

はしっこを　そろえて　かさねる

②

か（　　）　　き（　　）

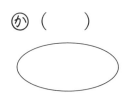

かさねる

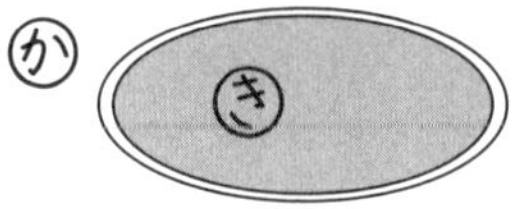

月　　日

15 どちらが　ひろい (2)

どちらが　ひろい ②

なまえ

● ひろい　じゅんに（　　）に 1，2，3 を
かきましょう。

①

あ（　　）　　い（　　）　　う（　　）

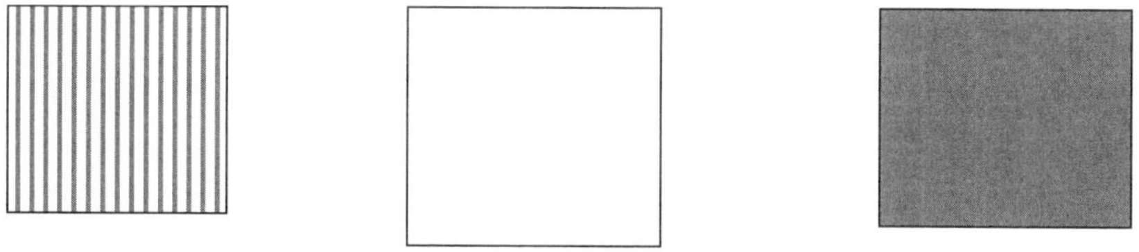

はしっこを　そろえて　かさねる

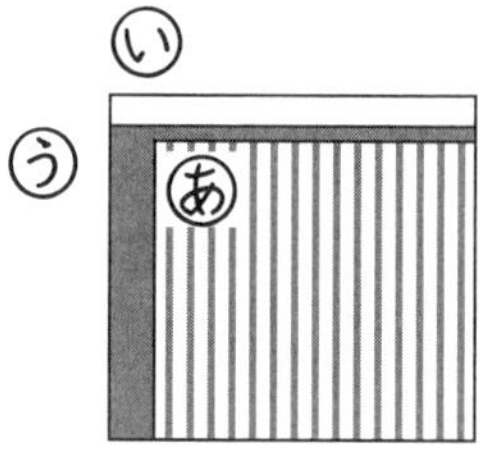

②

か（　　）　　き（　　）　　く（　　）

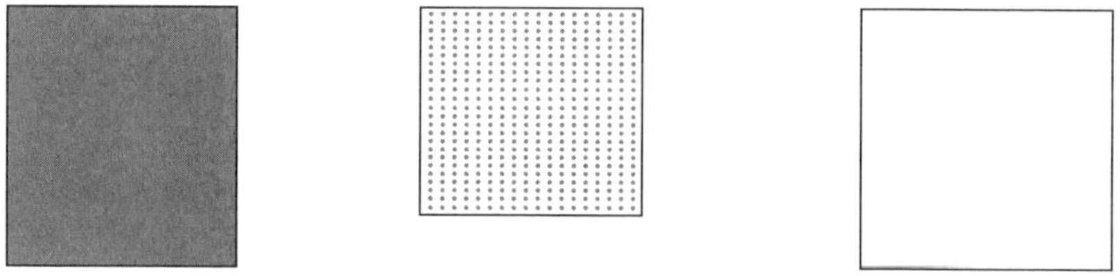

それぞれ　はしっこを　そろえて　かさねる

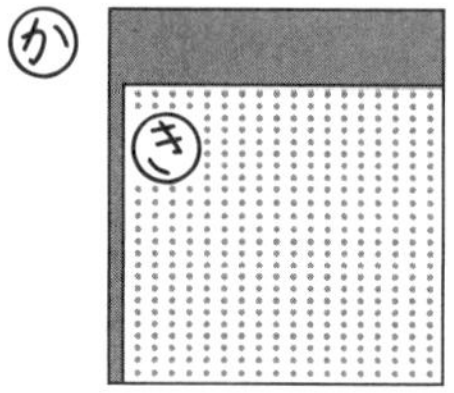

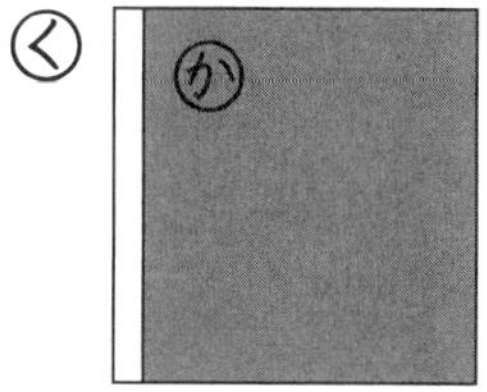

月　　日

15 どちらが　ひろい (3)

どちらが　ひろい ③

なまえ

● ひろさを　くらべます。□に　あてはまる　かずを　かき，ひろい　ほうの（　　）に　○を　つけましょう。

①

㋐（　　）

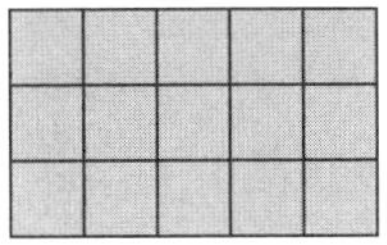

㋑（　　）

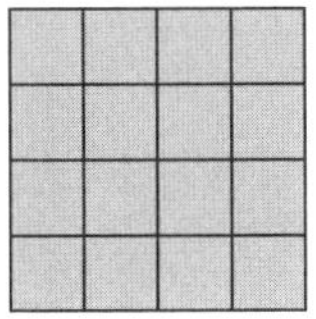

㋐は，■の □ まいぶんです。

㋑は，■の □ まいぶんです。

②

㋕（　　）

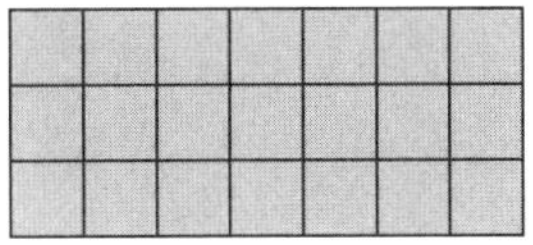

㋖（　　）

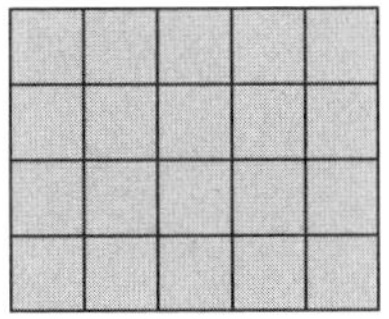

㋕は，■の □ まいぶんです。

㋖は，■の □ まいぶんです。

月　　日

15 どちらが　ひろい (4)

どちらが　ひろい ④

なまえ

● ひろさを　くらべます。□に　あてはまる　かずを　かきましょう。また，ひろい　じゅんに（　　）に　きごうを　かきましょう。

㋐

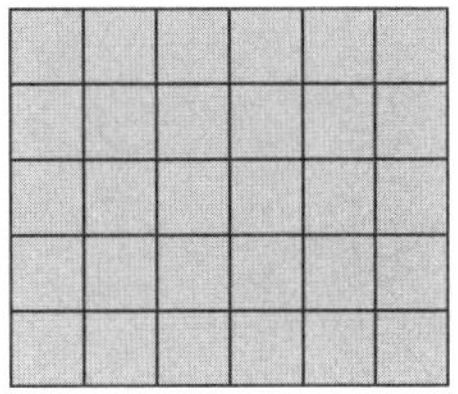

㋐は，■の □ まいぶんです。

㋑

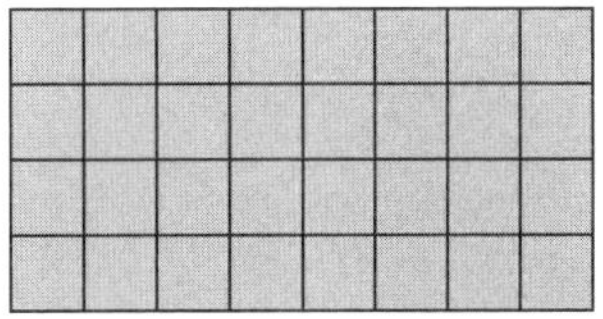

㋑は，■の □ まいぶんです。

㋒

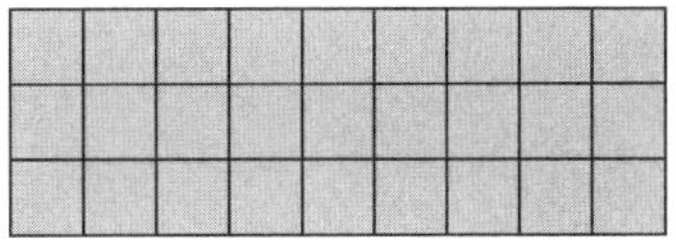

㋒は，■の □ まいぶんです。

ひろい　じゅん

❶（　　）⇨ ❷（　　）⇨ ❸（　　）

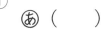

15 まとめのテスト
どちらが　ひろい

月　　日　なまえ

【知識・技能】

1　ひろい　ほうに　○を　つけましょう。(10×3)

① あ(　　)　い(　　)

かさねる

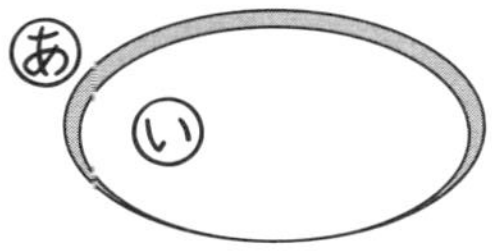

② う(　　)　え(　　)

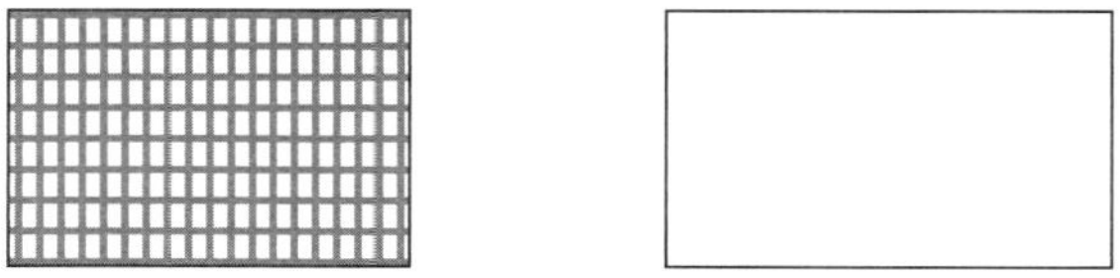

かさねる

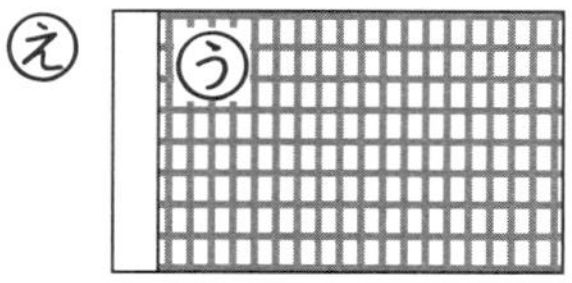

③ か(　　)　き(　　)

2　ひろい　じゅんに(　)に　1, 2, 3 を　かきましょう。(20)

さ(　　)　し(　　)　す(　　)

かさねる

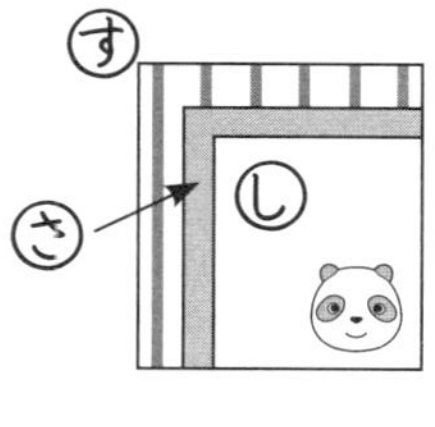

【思考・判断・表現】

3　ひろい　じゅんに(　)に　きごうを　かきましょう。(10)

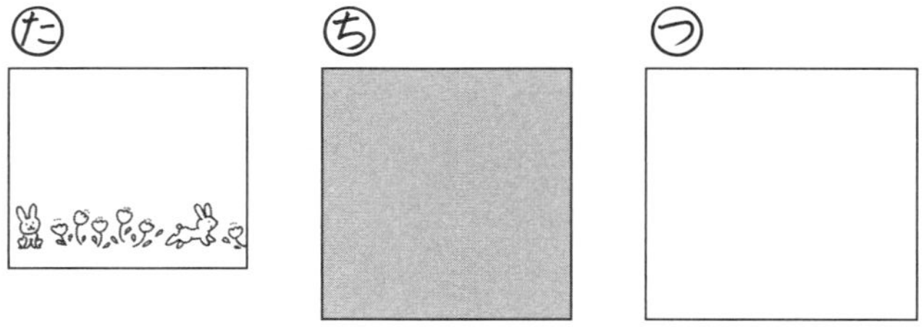

たと　ちを　かさねる　　ちと　つを　かさねる

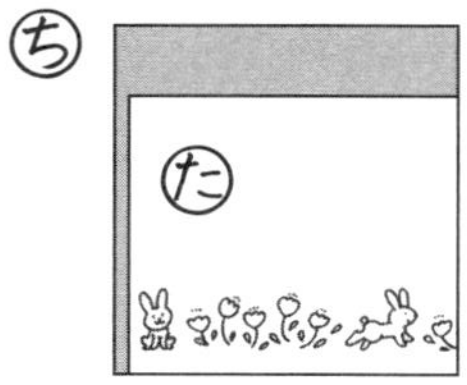

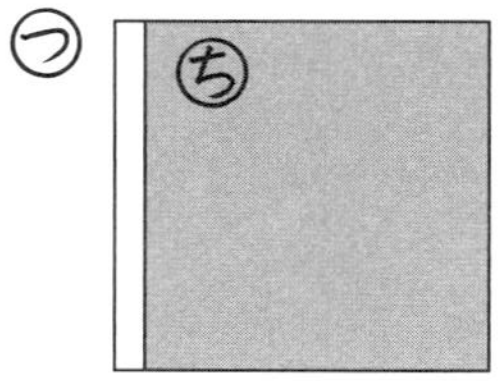

ひろい　じゅん

❶(　　) ⇨ ❷(　　) ⇨ ❸(　　)

4　□に　あてはまる　かずを　かき，ひろい　じゅんに(　　)に　きごうを　かきましょう。(10×4)

な

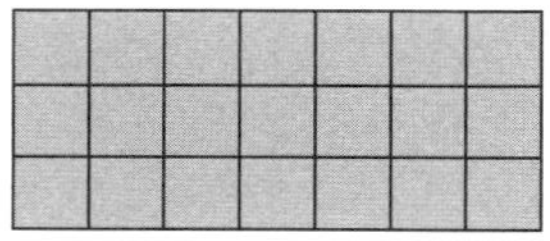

なは，■の □ まいぶんです。

に

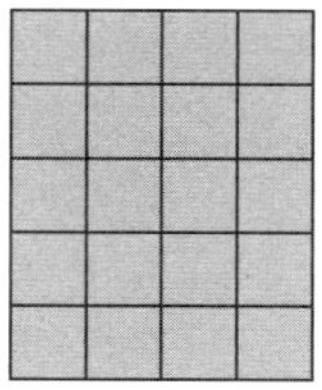

には，■の □ まいぶんです。

ぬ

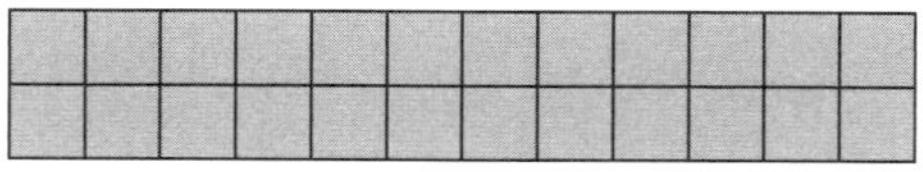

ぬは，■の □ まいぶんです。

ひろい　じゅん

❶(　　) ⇨ ❷(　　) ⇨ ❸(　　)

月　日

16 なんじなんぷん（1）

なんじなんぷん ①

なまえ

● とけいを　よみましょう。

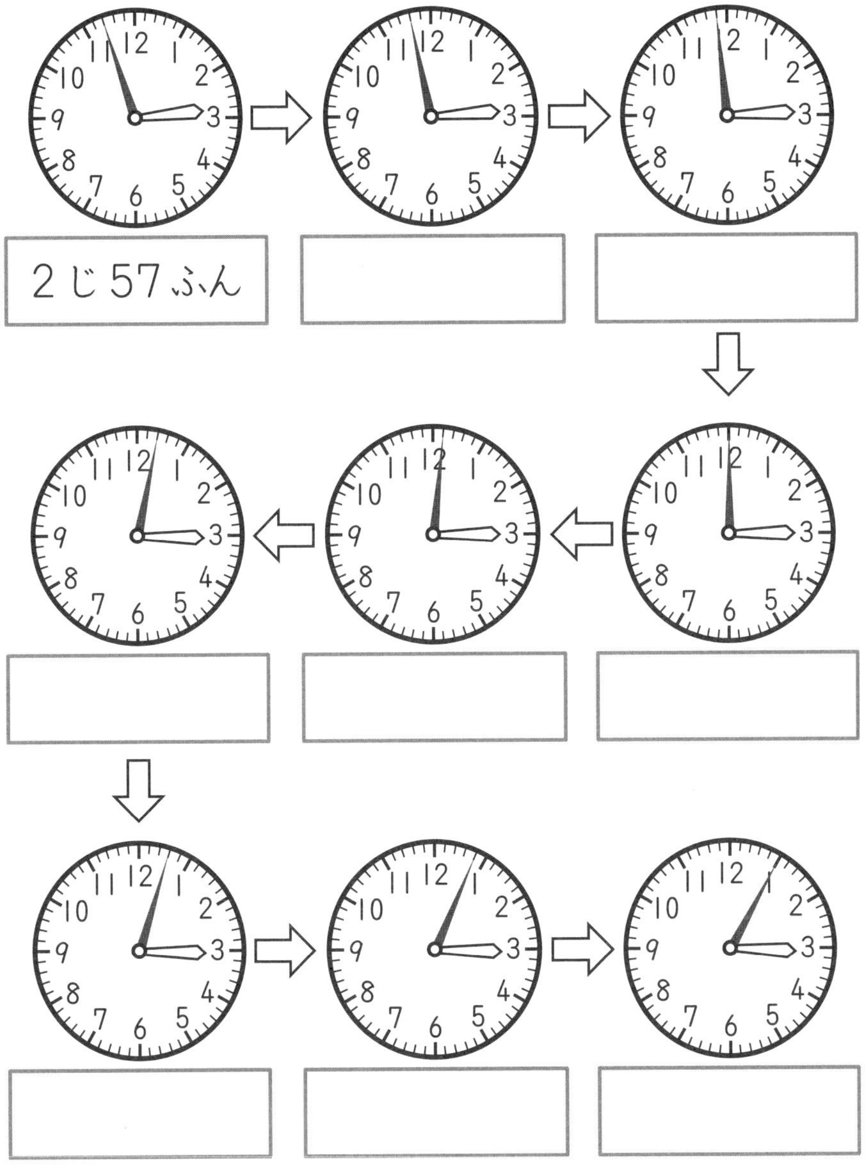

月　日

16 なんじなんぷん（2）

なんじなんぷん ②

なまえ

1　ながい　はりが　さすと，なんぷんですか。□に　あてはまる　かずを　かきましょう。

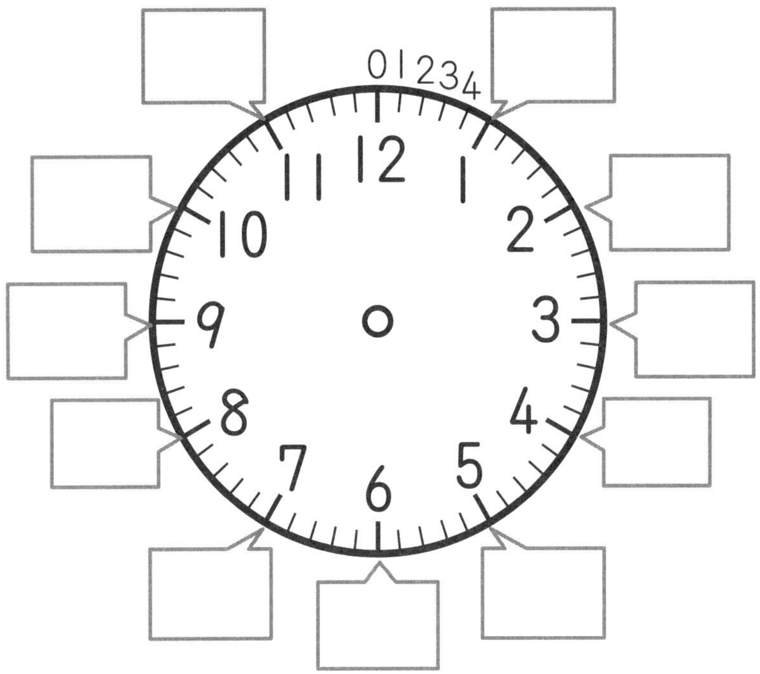

2　とけいを　よみましょう。

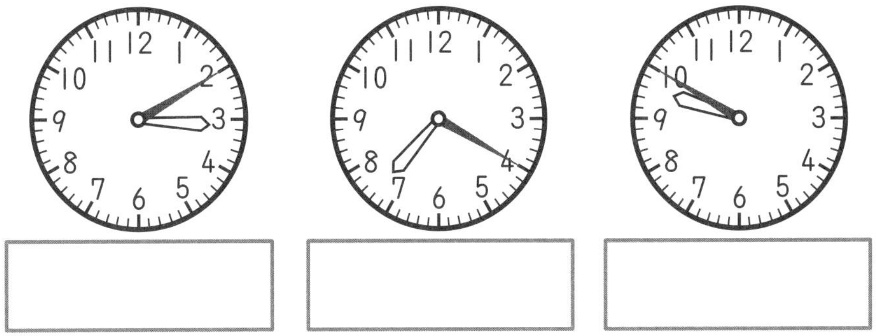

月　　日

16 なんじなんぷん (3)

なんじなんぷん ③

なまえ

● とけいを　よみましょう。

①

②

③

④

⑤

⑥

⑦

⑧

⑨

月　　日

16 なんじなんぷん (4)

なんじなんぷん ④

なまえ

● とけいを　よみましょう。

①

②

③

④

⑤

⑥

⑦
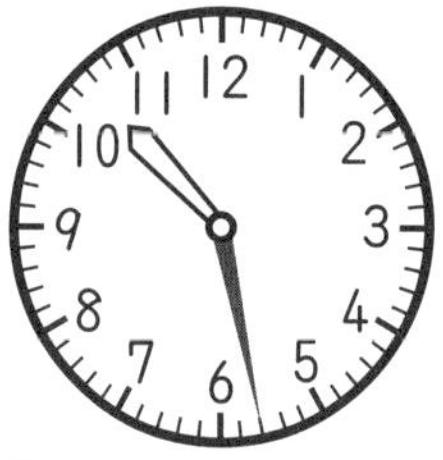

⑧

⑨

16 なんじなんぷん (5)

なんじなんぷん ⑤

月　　日

なまえ

● とけいを　よみましょう。

①

②

③

④

⑤

⑥

⑦

⑧

⑨

16 なんじなんぷん (6)

なんじなんぷん ⑥

月　　日

なまえ

● とけいを　よみましょう。

①

②

③

④

⑤

⑥

⑦

⑧

⑨

月　　日

16 なんじなんぷん (7)

なんじなんぷん ⑦

なまえ

● とけいの　はりが　ただしい　ものを　えらんで，
（　　）に　○を　つけましょう。

① 9じ15ふん

（　　）　（　　）　（　　）

② 2じ58ふん

（　　）　（　　）　（　　）

③ 6じ6ぷん

（　　）　（　　）　（　　）

月　　日

16 なんじなんぷん (8)

なんじなんぷん ⑧

なまえ

● とけいの　はりが　ただしい　ものを　えらんで，
（　　）に　○を　つけましょう。

① 4じ43ぷん

（　　）　（　　）　（　　）

② 6じ34ぷん

（　　）　（　　）　（　　）

③ 10じ57ふん

（　　）　（　　）　（　　）

月　日

16 まとめのテスト
なんじなんぷん

なまえ

【知識・技能】

1 とけいを　よみましょう。(5×10)

①

②

③

④

⑤

⑥

⑦

⑧

⑨

⑩

【思考・判断・表現】

2 とけいの　はりが　ただしい　ほうの　(　　)に　○を　つけましょう。(10×5)

① 5じ44ぷん

(　　)　(　　)

② 11じ56ぷん

(　　)　(　　)

③ 6じ38ぷん

(　　)　(　　)

④ 4じ28ぷん

(　　)　(　　)

⑤ 9じ51ぷん

(　　)　(　　)

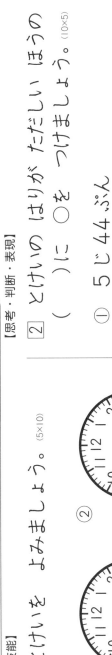

月　　日

17 たしざんと　ひきざん（1）

たしざんと　ひきざん ①

なまえ

□1 あやかさんは，まえから　4ばんめに　います。
あやかさんの　うしろに　7にん　います。
みんなで　なんにん　いますか。

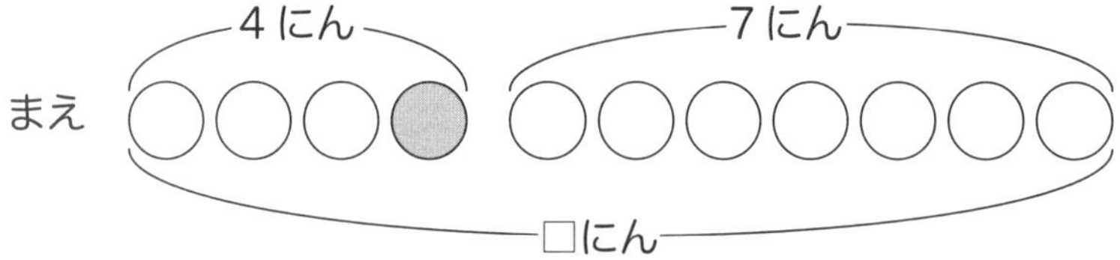

しき

こたえ

□2 しゅんやさんは，まえから　6ばんめに　います。
しゅんやさんの　うしろに　8にん　います。
みんなで　なんにん　いますか。

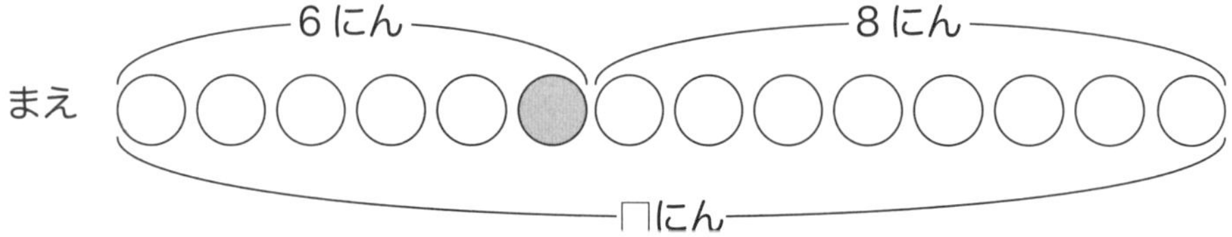

しき

こたえ

月　　日

17 たしざんと　ひきざん（2）

たしざんと　ひきざん ②

なまえ

□1 こどもが　15にん　ならんで　います。
ふみやさんは，まえから　9ばんめに　います。
ふみやさんの　うしろには，なんにん　いますか。

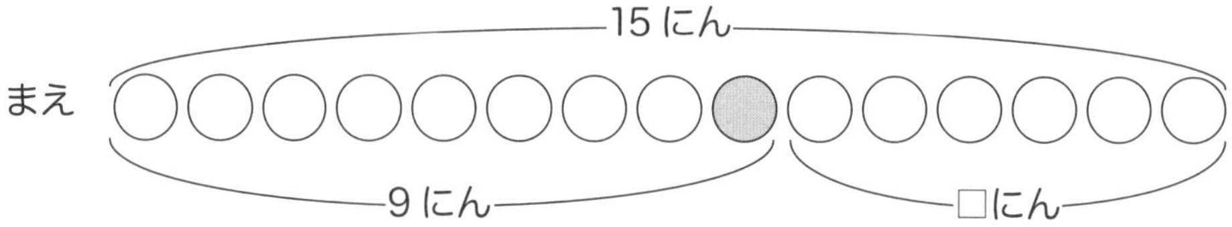

しき

こたえ

□2 16にん　ならんで　います。
りのさんは，まえから　3ばんめに　います。
りのさんの　うしろには，なんにん　いますか。

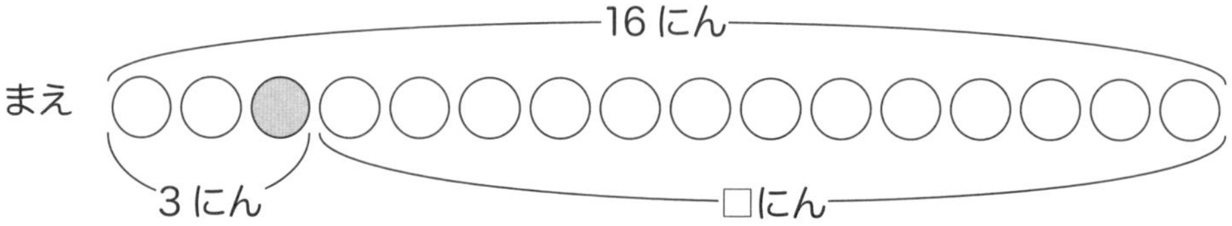

しき

こたえ

月　日

17 たしざんと ひきざん(3)

たしざんと　ひきざん ③

なまえ

1 7にんが いすに すわって います。
いすは，あと 3きゃく あります。
いすは，ぜんぶで なんきゃく ありますか。

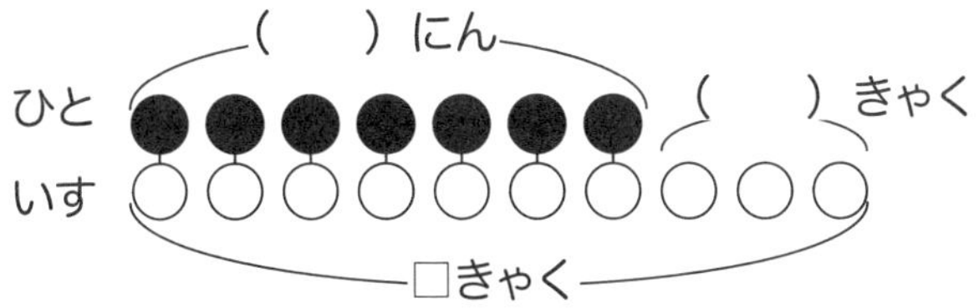

( )に かずを かいてみましょう。

しき

こたえ ＿＿＿＿＿＿

2 6この ケーキを，1こずつ おさらに おきました。
おさらは，あと 5まい あります。
おさらは，ぜんぶで なんまい ありますか。

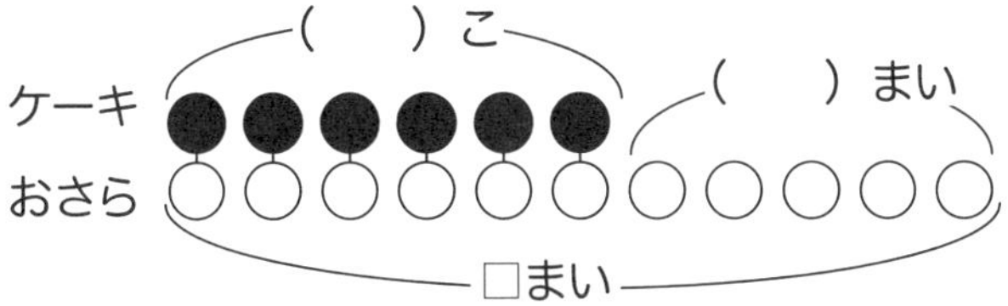

( )に かずを かいてみましょう。

しき

こたえ ＿＿＿＿＿＿

月　日

17 たしざんと ひきざん(4)

たしざんと　ひきざん ④

なまえ

1 コップ 10こに ジュースを いれました。
ストローは，7ほん あります。
ストローは，なんぼん たりませんか。

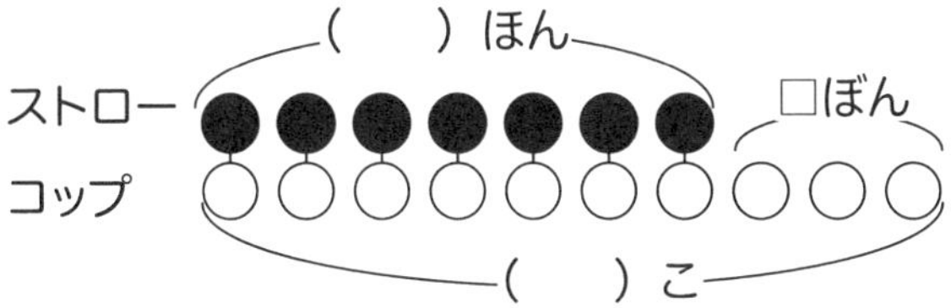

( )に かずを かいてみましょう。

しき

こたえ ＿＿＿＿＿＿

2 かさが 8ほん あります。
かさを かりに，12にん きました。
かさが かりられない ひとは，なんにん いますか。

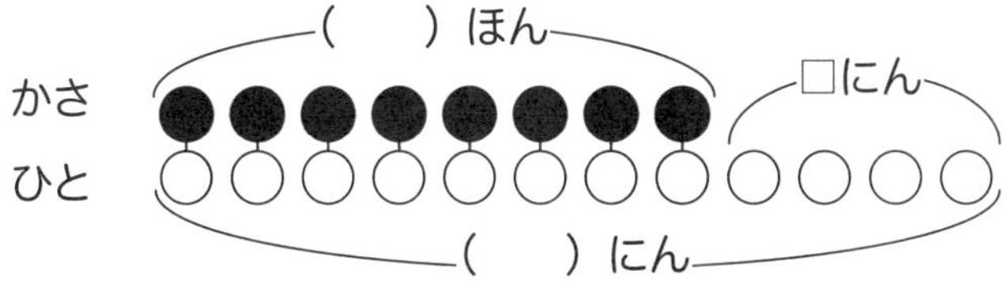

( )に かずを かいてみましょう。

しき

こたえ ＿＿＿＿＿＿

月　　日

17 たしざんと　ひきざん(5)

おおい　すくない ①

なまえ

① コーラの　びんが　8ほん　あります。ソーダの　びんは，コーラの　びんより　5ほん　おおいそうです。
ソーダの　びんは，なんぼん　ありますか。

（ ）に　かずを　かいてみましょう。　ソーダの　かずだけ　いろを　ぬりましょう。

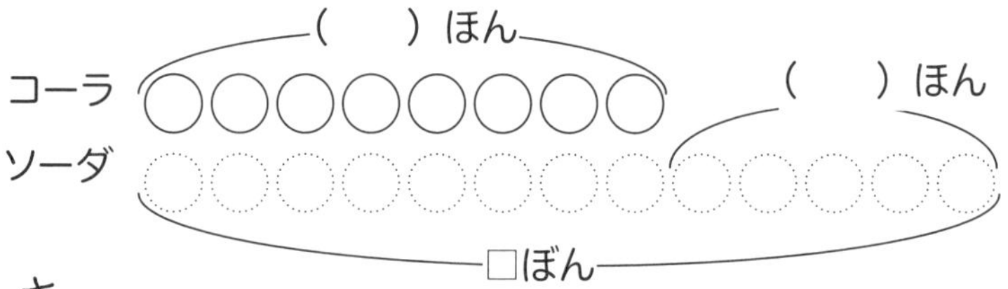

（　）ほん
コーラ
（　）ほん
ソーダ
□ぼん

しき

こたえ

② げんさんは，いちごを　9こ　もらいました。めいさんは，げんさんより　3こ　おおく　もらいました。
めいさんが　もらった　いちごは　なんこですか。

（ ）に　かずを　かいてみましょう。　めいさんの　かずだけ　いろを　ぬりましょう。

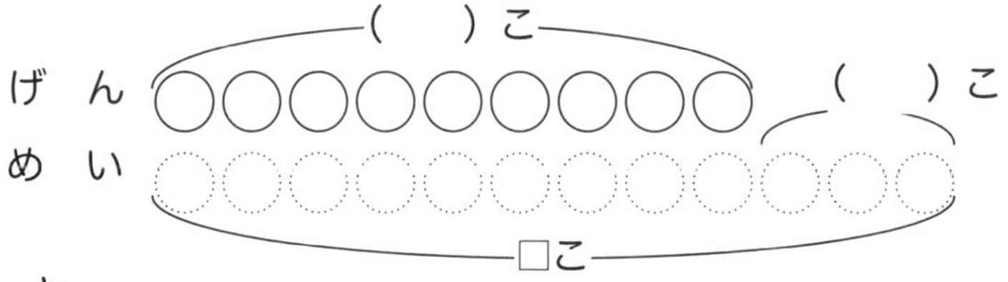

（　）こ
げ　ん
（　）こ
め　い
□こ

しき

こたえ

月　　日

17 たしざんと　ひきざん(6)

おおい　すくない ②

なまえ

① おねえさんは，いろがみを　14まい　もって　います。いもうとは，おねえさんより　8まい　すくないそうです。
いもうとは　いろがみを　なんまい　もって　いますか。

（ ）に　かずを　かいてみましょう。　いもうとの　かずだけ　いろを　ぬりましょう。

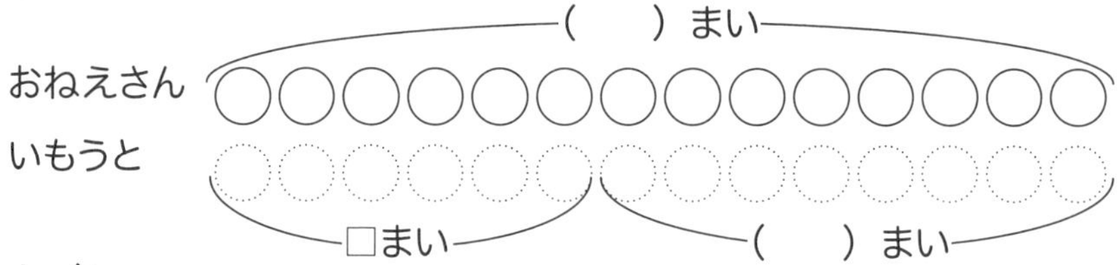

（　）まい
おねえさん
いもうと
□まい
（　）まい

しき

こたえ

② はるとさんは，さかなを　11ぴき　つりました。るいさんは，はるとさんより　4ひき　すくなかったそうです。
るいさんは，さかなを　なんびき　つりましたか。

（ ）に　かずを　かいてみましょう。　るいさんの　かずだけ　いろを　ぬりましょう。

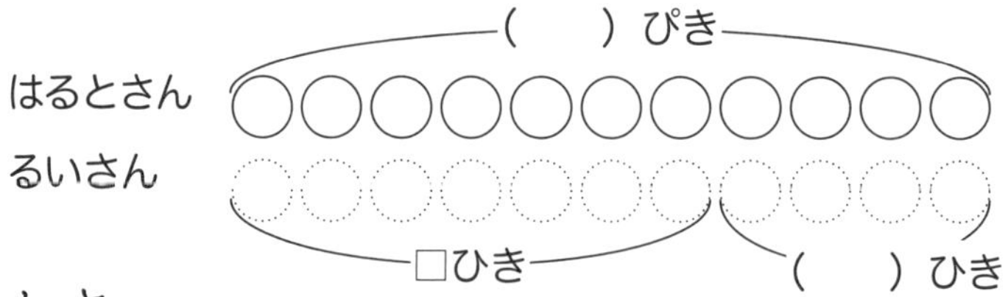

（　）ぴき
はるとさん
るいさん
□ひき
（　）ひき

しき

こたえ

月　日

17 たしざんと ひきざん(7)

ずに かいて かんがえよう ①

なまえ

● こどもが しんたいそくていで ならんで います。
みゆさんの まえに 5にん います。
みゆさんの うしろに 3にん います。
ぜんぶで なんにん ならんで いますか。

① ずの つづきを かきましょう。

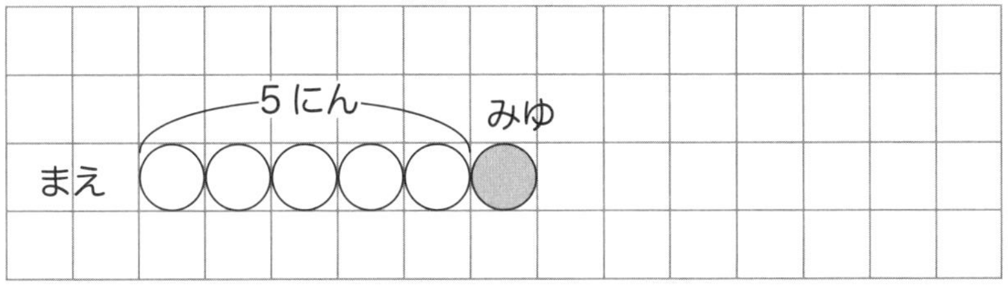

② しきと こたえを かきましょう。

しき

こたえ

月　日

17 たしざんと ひきざん(8)

ずに かいて かんがえよう ②

なまえ

● ラーメンやに ひとが ならんで います。
ごうさんの まえに 4にん ならんで います。
ごうさんの うしろに 6にん ならんで います。
ぜんぶで なんにん ならんで いますか。

① ずの つづきを かきましょう。

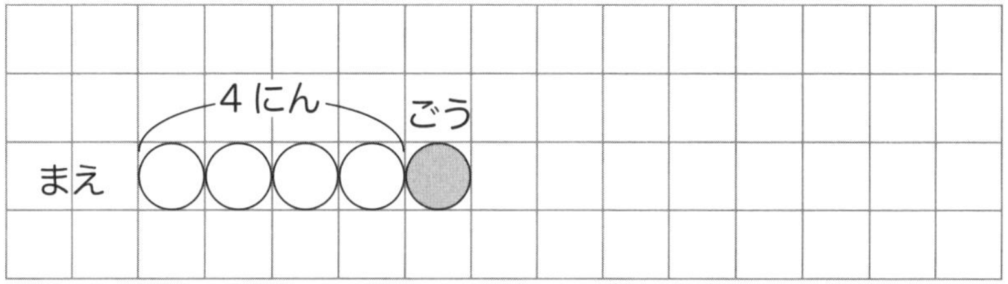

② しきと こたえを かきましょう。

しき

こたえ

月　　日

17 ふりかえり・たしかめ(1)

たしざんと　ひきざん

なまえ

1　ゆきさんは，まえから　7ばんめに　ならんで　います。
ゆきさんの　うしろには　5にん　います。
ぜんぶで　なんにん　ならんで　いますか。

しき

こたえ ＿＿＿＿＿＿

2　8にんが　1ぽんの　のぼりぼうに　ひとりずつ　のぼって　います。のぼりぼうは，あと　7ほん　あいて　います。のぼりぼうは，ぜんぶで　なんぼん　ありますか。

しき

こたえ ＿＿＿＿＿＿

3　まとあてゲームを　して，あかぐみは　16てんでした。
しろぐみは，あかぐみより　5てん　すくなかった　そうです。しろぐみは　なんてんでしたか。

しき

こたえ ＿＿＿＿＿＿

月　　日

17 ふりかえり・たしかめ(2)

たしざんと　ひきざん

なまえ

1　バスていに　14にん　ならんで　います。しょうたさんは，まえから　8ばんめに　います。しょうたさんの　うしろには　なんにん　ならんで　いますか。

しき

こたえ ＿＿＿＿＿＿

2　ジュースが　15ほん　あります。
8にんが　1ぽんずつ　のみます。
ジュースは，なんぼん　あまりますか。

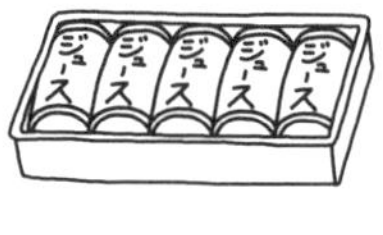

しき

こたえ ＿＿＿＿＿＿

3　さらさんは　6さいで，おねえさんは　さらさんより　6さい　としうえだそうです。
おねえさんの　としは　なんさいですか。

しき

こたえ ＿＿＿＿＿＿

月　日

17 まとめのテスト
たしざんと　ひきざん

なまえ

【思考・判断・表現】

1　だいきさんは，まえから　7ばんめに　ならんで　います。だいきさんの　うしろには　11にん　います。みんなで　なんにん　ならんで　いますか。（10×2）

しき

こたえ

2　28にんが　ならんで　います。
みゆさんは，まえから　5ばんめです。みゆさんの　うしろには　なんにん　いますか。（10×2）

しき

こたえ

3　15にんが　いちりんしゃに　のって　あそぼうと　しましたが，いちりんしゃは，9だいしか　ありません。すぐに　のれない　ひとは　なんにんですか。（10×2）

しき

こたえ

4　かりんさんと　こたろうさんは，おりがみで　はなを　つくりました。
かりんさんは　13こ　つくりました。
こたろうさんは　かりんさんより　5こ　すくなかったそうです。
こたろうさんは　なんこ　つくりましたか。（10×2）

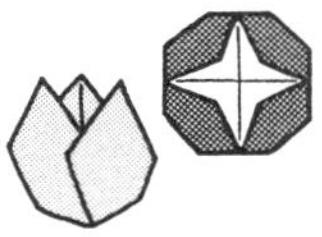

しき

こたえ

5　たまいれを　あかぐみと　しろぐみに　わかれて　しました。あかぐみは，9こ　はいりました。
しろぐみは，あかぐみより　6こ　おおかったそうです。しろぐみは，なんこ　はいりましたか。（10×2）

しき

こたえ

月　　日

18 かたちづくり (1)

かたちづくり ①

なまえ

● の いろいた 4まいで，したの かたちを つくりました。どのように ならべたのか わかるように せんを ひきましょう。

①

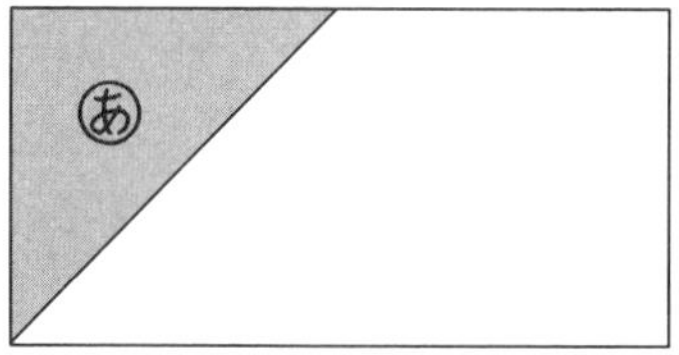

②

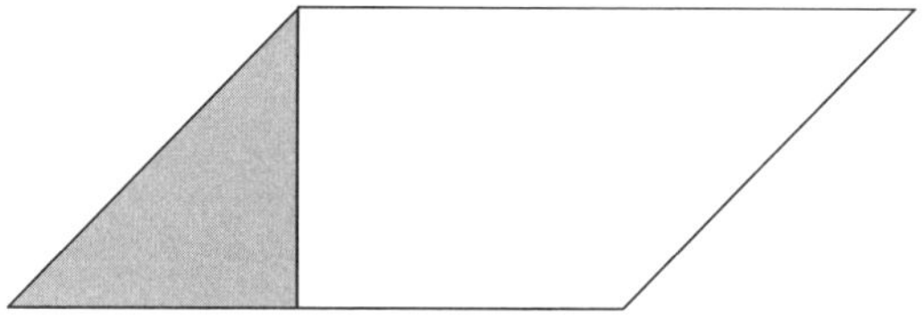

③

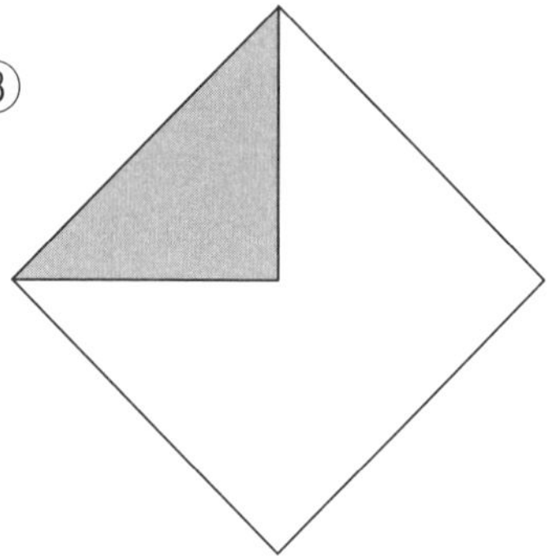

④

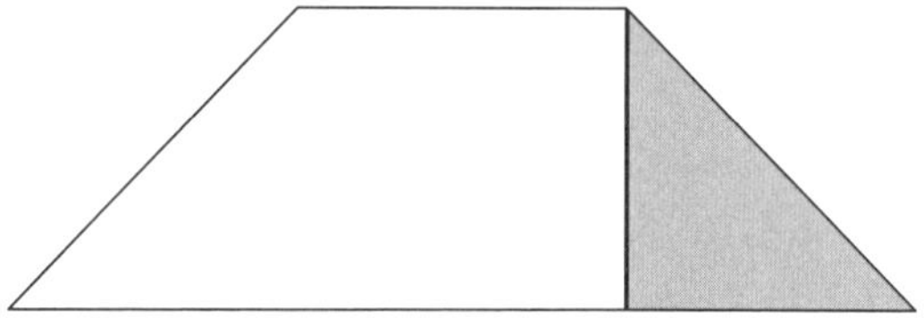

⑤

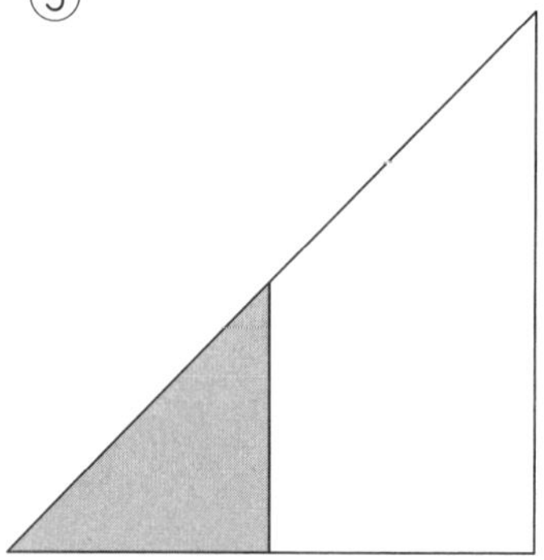

⑥

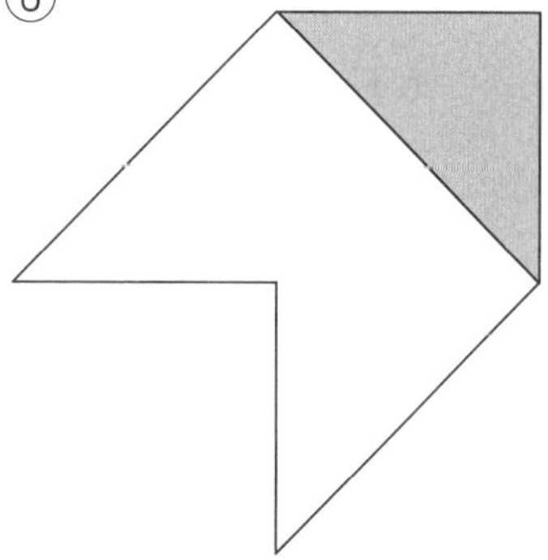

月　　日

18 かたちづくり (2)

かたちづくり ②

なまえ

● を 1まいだけ うごかして，かたちを かえます。うごかした を，れい の ように せんで かこみましょう。

れい

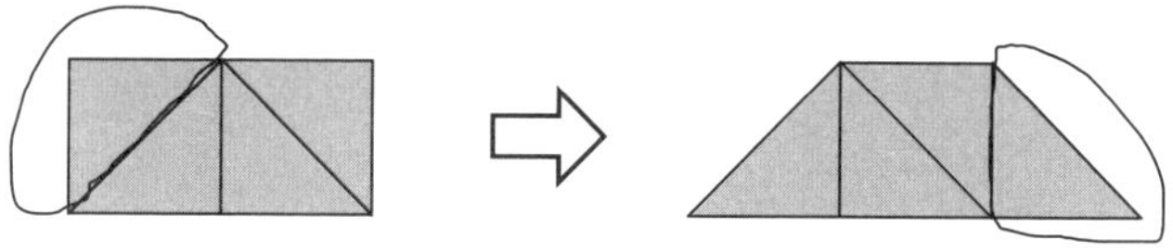

①

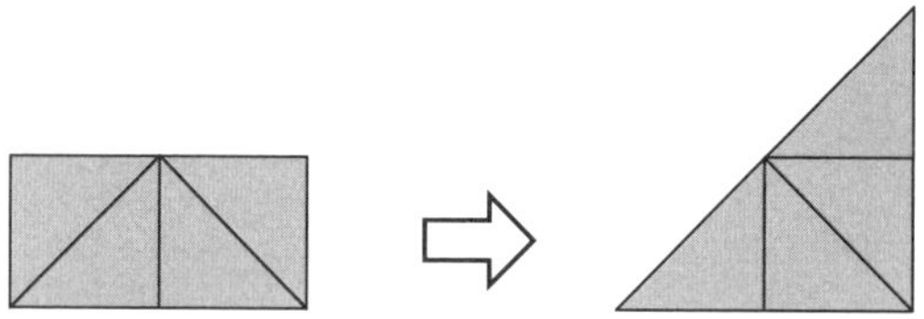

②

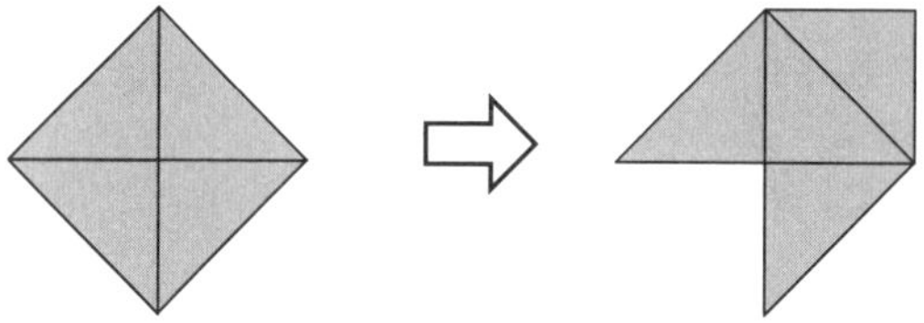

③

④

月　日

18 かたちづくり (3)

かたちづくり ③

なまえ

● したの かたちは， の いろいた なんまいで できて いますか。

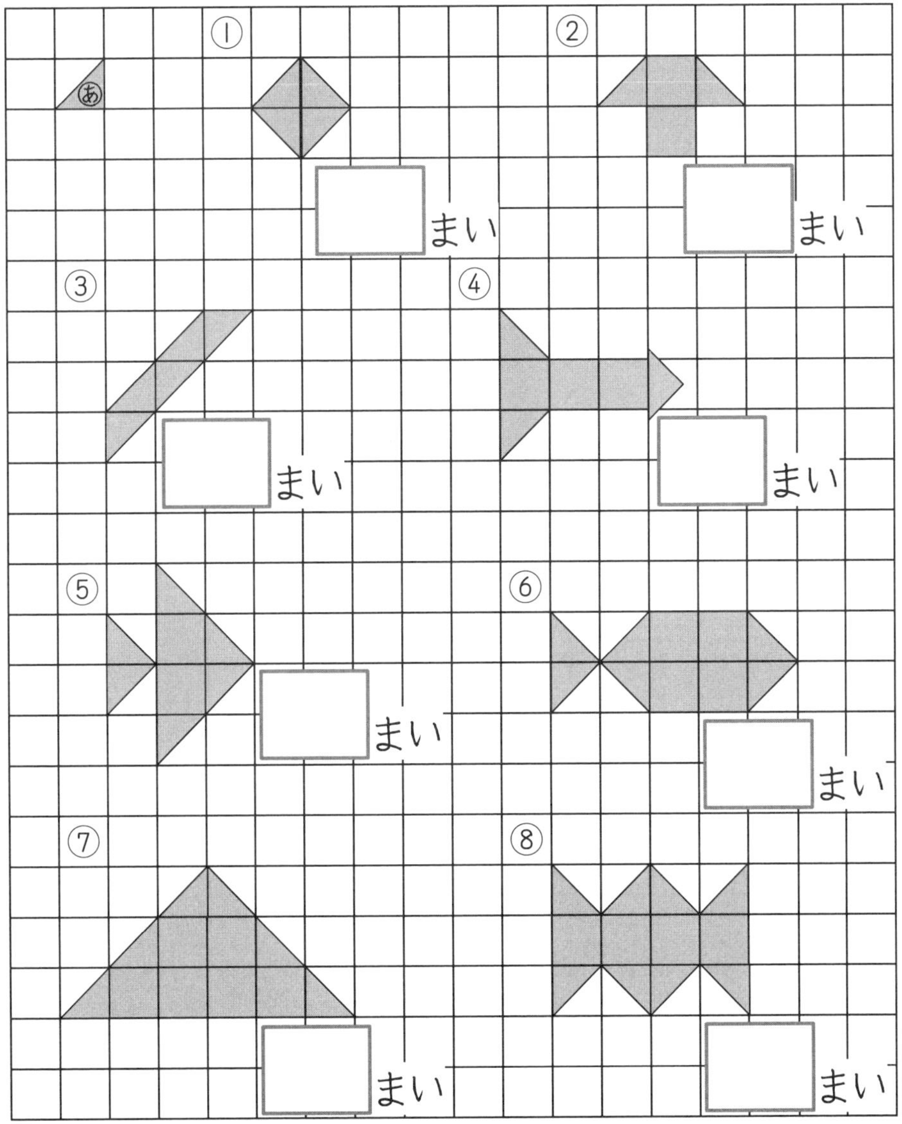
あ
①
まい
②
まい
③
まい
④
まい
⑤
まい
⑥
まい
⑦
まい
⑧
まい

月　日

18 かたちづくり (4)

かたちづくり ④

なまえ

● したの かたちは，かぞえぼう なんぼんで できて いますか。

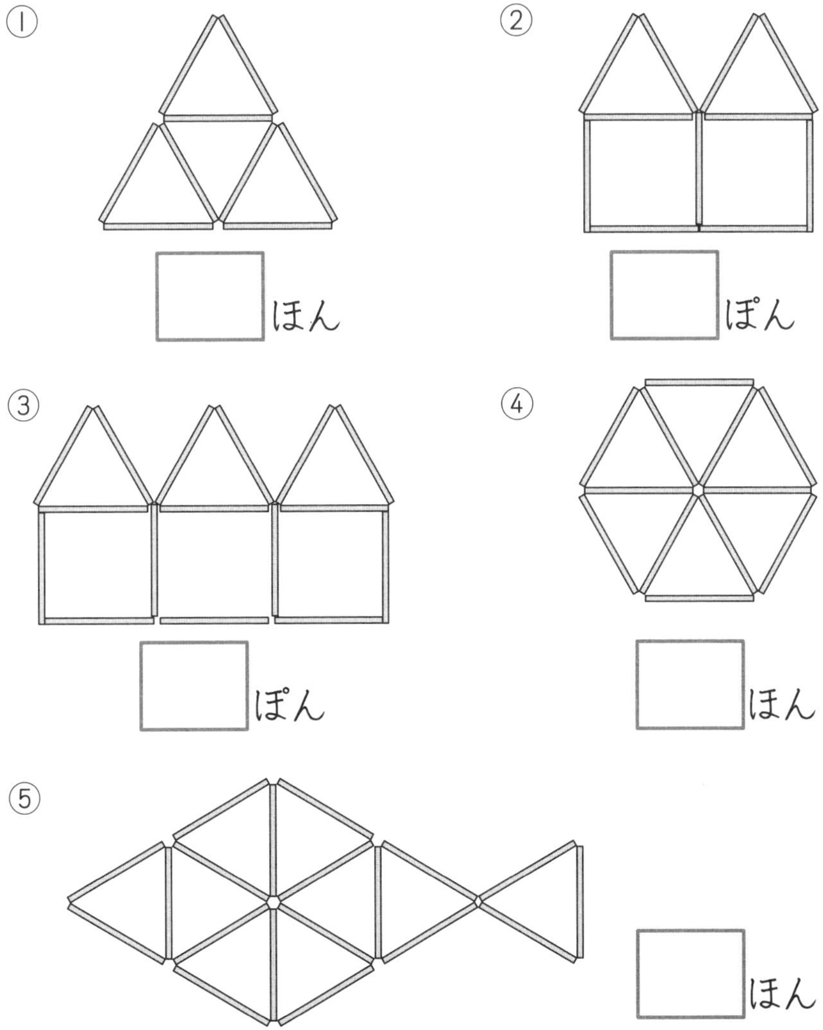
①
ほん
②
ぽん
③
ぽん
④
ほん
⑤
ほん

月　　日

18 かたちづくり (5)

かたちづくり ⑤

なまえ

● ・と ・を せんで つないで，ひだりの ずと おなじ ずを かきましょう。

①
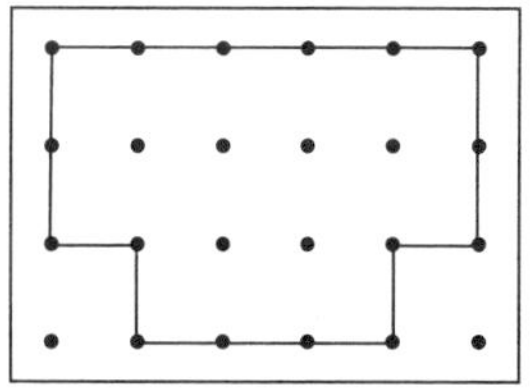
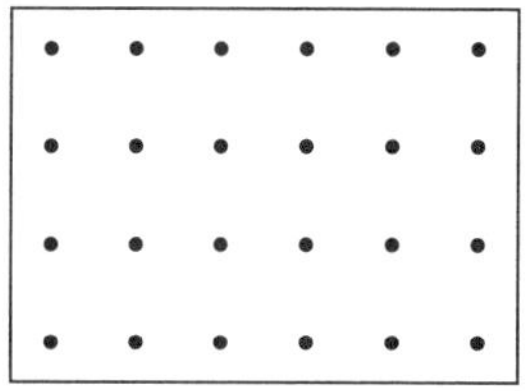

②
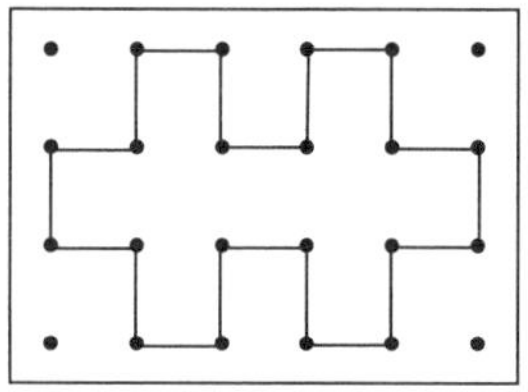
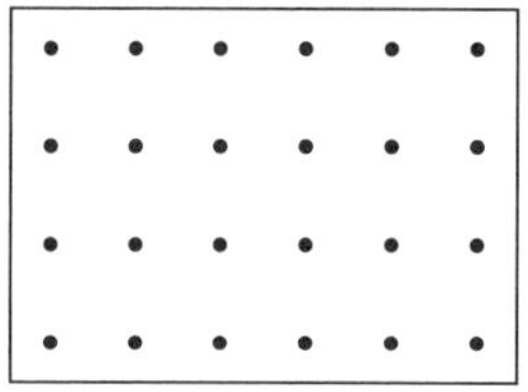

③
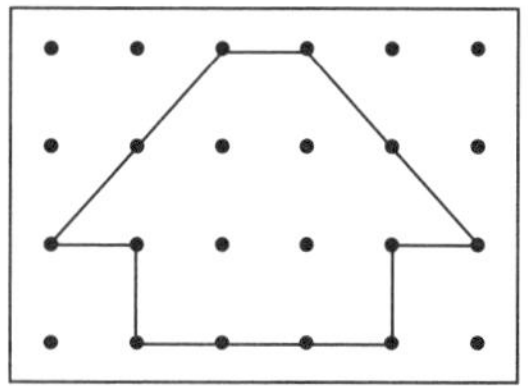
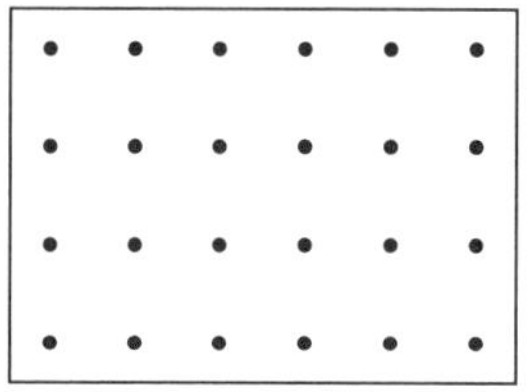

④
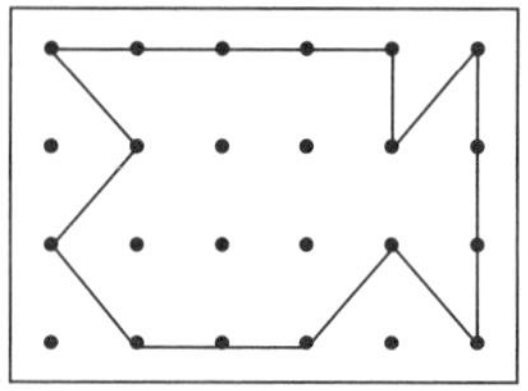
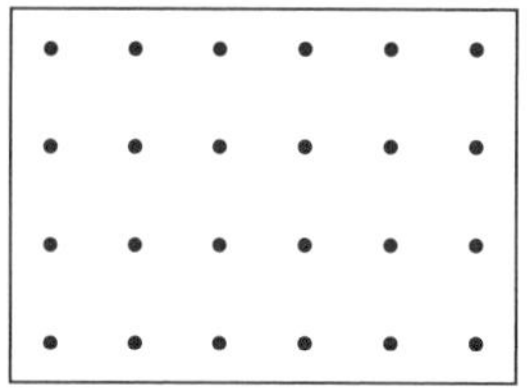

月　　日

18 かたちづくり (6)

かたちづくり ⑥

なまえ

● ・と ・を せんで つないで，ひだりの ずと おなじ ずを かきましょう。

①
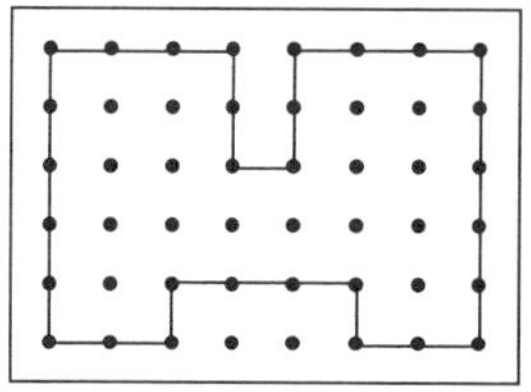
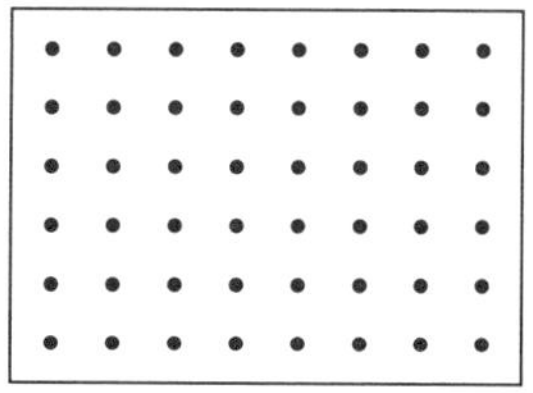

②
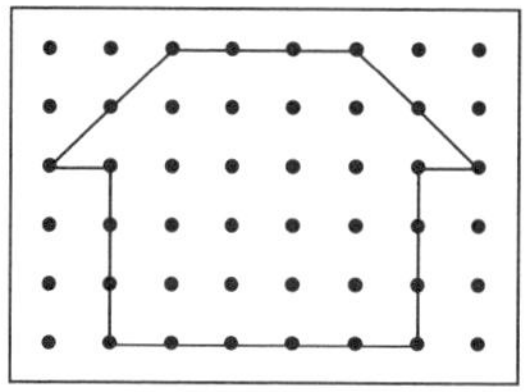
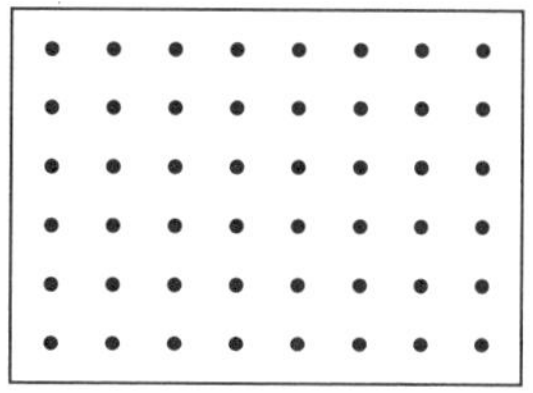

③
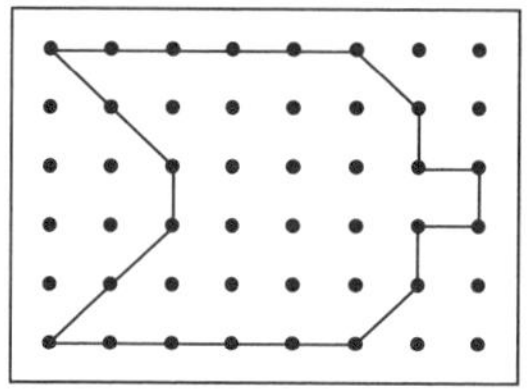
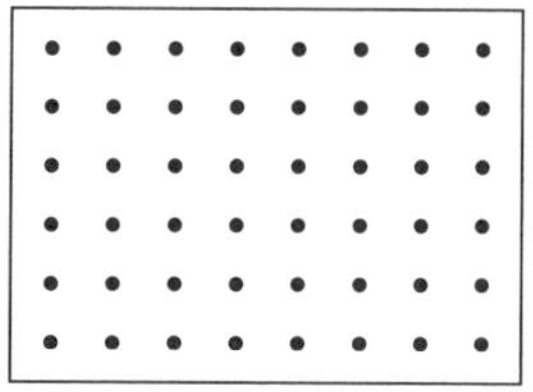

④
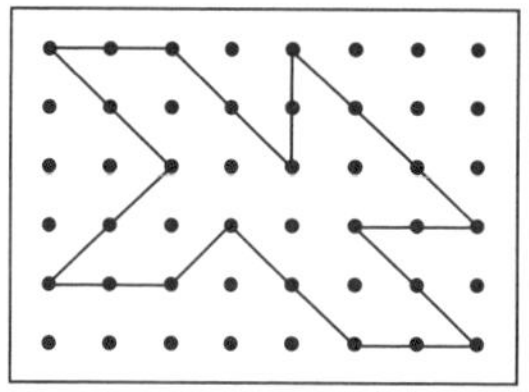
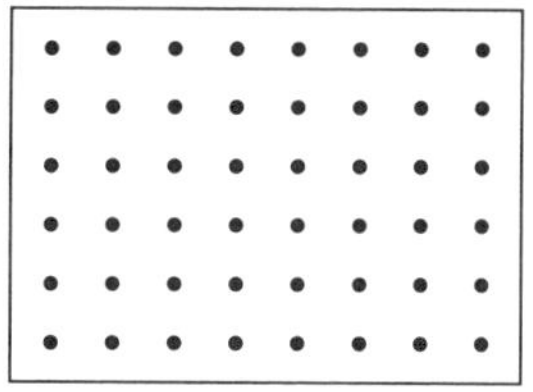

まとめのテスト

かたちづくり

なまえ

【知識・技能】

1　したの　かたちは，あ の　いろいたなんまいで　できて　いますか。(10×3)

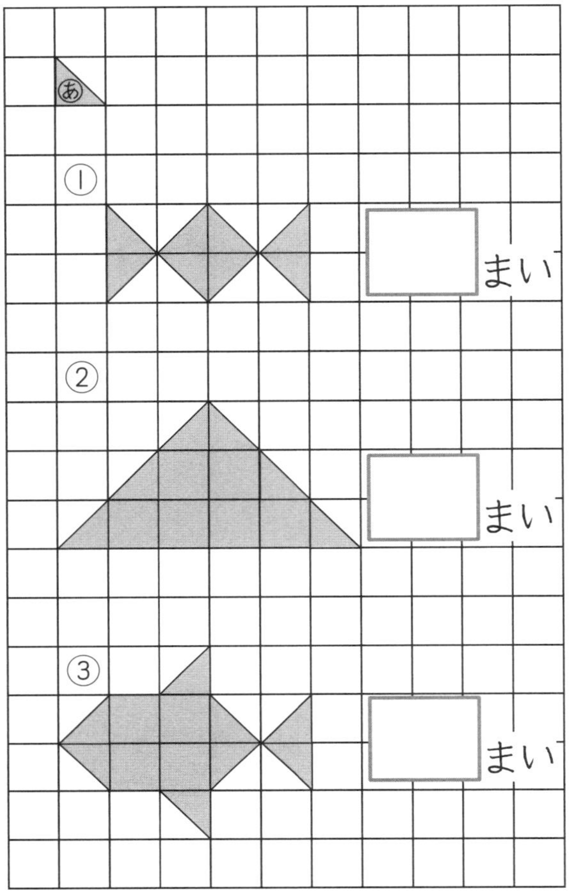

2　したの　かたちは，かぞえぼうなんぼんで　できて　いますか。(10×2)

①

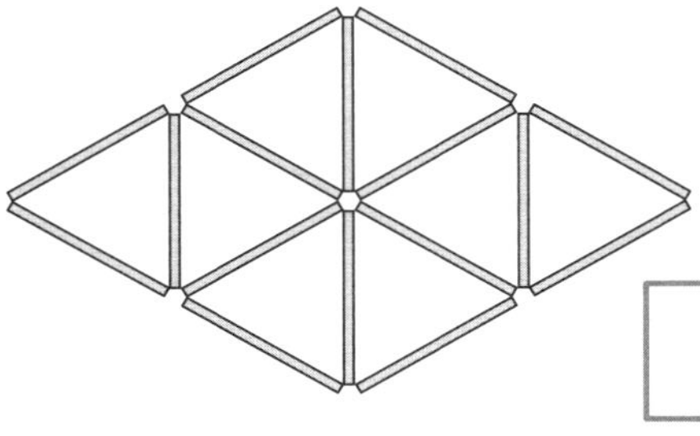

□ぽん

②

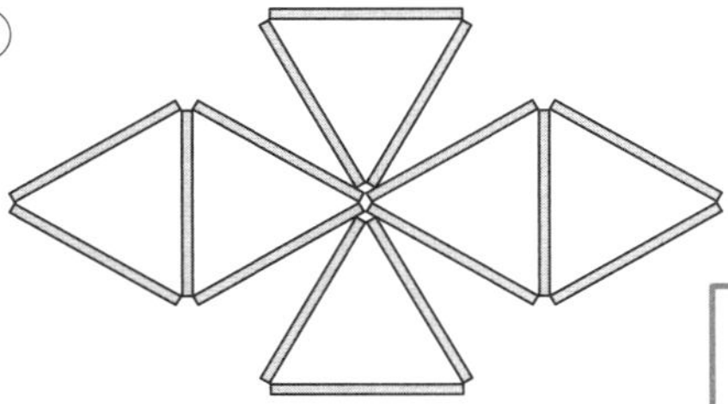

□ぽん

【思考・判断・表現】

3　を　1まいだけ　うごかして，できた　かたちを，したの　あ～おから　えらんで　□に　かきましょう。(10×5)

①

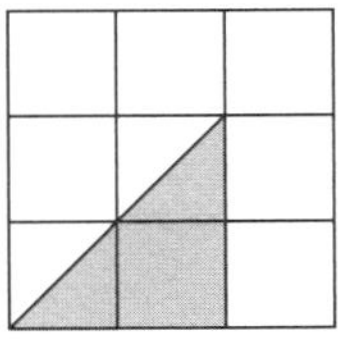

□

②

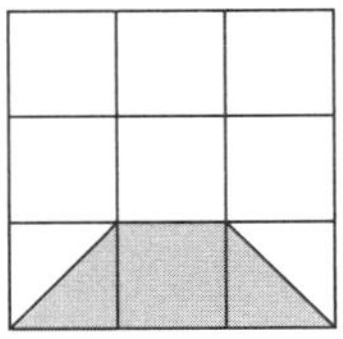

□

③

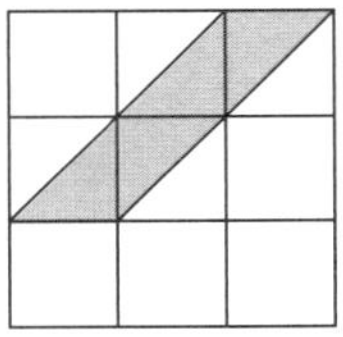

□

④

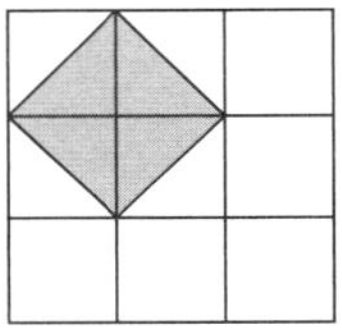

□

⑤

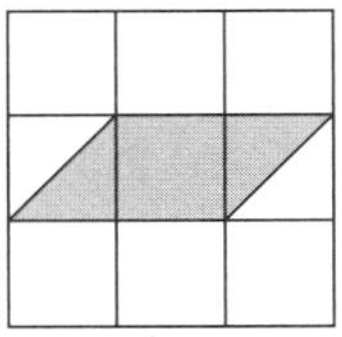

□

あ

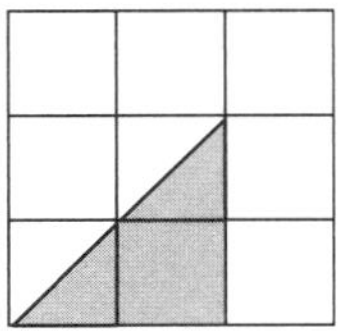

い

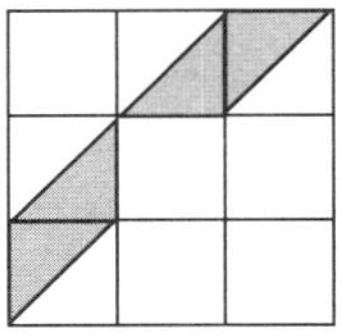

う

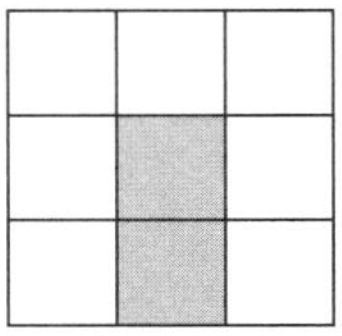

え

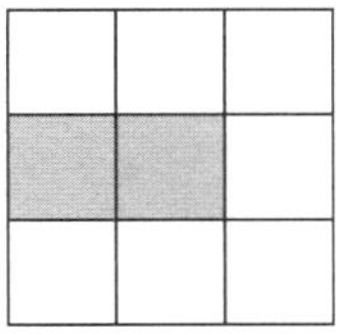

お

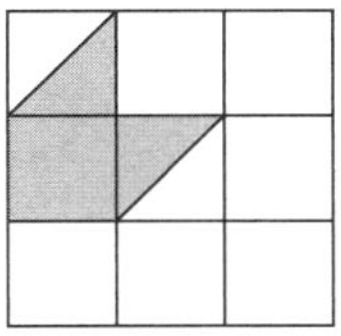

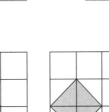

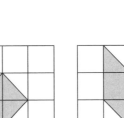

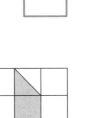

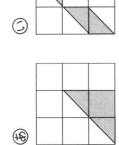

月　　日

1ねんの　ふくしゅう(1)

なまえ

① 4 + 3 =

② 9 + 8 =

③ 6 + 5 =

④ 4 + 7 =

⑤ 8 + 7 =

⑥ 2 + 8 =

⑦ 4 + 9 =

⑧ 5 + 4 =

⑨ 9 + 2 =

⑩ 7 + 7 =

⑪ 6 + 6 =

⑫ 7 + 5 =

⑬ 10 + 4 =

⑭ 11 + 9 =

⑮ 12 + 6 =

⑯ 70 + 9 =

⑰ 73 + 5 =

⑱ 40 + 20 =

⑲ 60 + 40 =

⑳ 82 + 5 =

月　　日

1ねんの　ふくしゅう(2)

なまえ

① 9 − 6 =

② 11 − 4 =

③ 12 − 6 =

④ 10 − 7 =

⑤ 13 − 9 =

⑥ 12 − 3 =

⑦ 8 − 3 =

⑧ 18 − 4 =

⑨ 15 − 9 =

⑩ 14 − 8 =

⑪ 11 − 2 =

⑫ 12 − 5 =

⑬ 14 − 7 =

⑭ 18 − 6 =

⑮ 19 − 5 =

⑯ 17 − 4 =

⑰ 32 − 2 =

⑱ 97 − 3 =

⑲ 80 − 20 =

⑳ 100 − 80 =

1ねんの　ふくしゅう(3)

月　　日

なまえ

① 9 + 8 =　　② 8 + 5 =　　③ 7 + 4 =

④ 4 + 6 =　　⑤ 6 + 7 =　　⑥ 3 + 8 =

⑦ 2 + 8 =　　⑧ 4 + 9 =　　⑨ 20 + 70 =

⑩ 13 + 3 =　　⑪ 3 + 6 =　　⑫ 8 + 11 =

⑬ 8 + 9 =　　⑭ 42 + 7 =　　⑮ 9 + 50 =

⑯ 90 + 5 =　　⑰ 4 + 8 =　　⑱ 0 + 7 =

⑲ 8 + 8 =　　⑳ 9 + 9 =　　㉑ 5 + 5 =

㉒ 6 + 0 =　　㉓ 4 + 52 =　　㉔ 7 + 9 =

㉕ 3 + 84 =　　㉖ 7 + 8 =　　㉗ 80 + 20 =

㉘ 8 + 4 + 7 =　　㉙ 9 + 6 + 3 =　　㉚ 4 + 3 + 8 =

1ねんの　ふくしゅう(4)

月　　日

なまえ

① 8 − 3 =　　② 10 − 2 =　　③ 6 − 6 =

④ 14 − 9 =　　⑤ 12 − 7 =　　⑥ 11 − 3 =

⑦ 12 − 6 =　　⑧ 7 − 3 =　　⑨ 15 − 8 =

⑩ 19 − 5 =　　⑪ 18 − 6 =　　⑫ 10 − 7 =

⑬ 9 − 7 =　　⑭ 12 − 4 =　　⑮ 70 − 30 =

⑯ 11 − 2 =　　⑰ 14 − 4 =　　⑱ 90 − 90 =

⑲ 8 − 0 =　　⑳ 12 − 5 =　　㉑ 11 − 7 =

㉒ 75 − 3 =　　㉓ 11 − 8 =　　㉔ 100 − 50 =

㉕ 13 − 9 =　　㉖ 67 − 7 =　　㉗ 100 − 30 =

㉘ 16 − 6 − 5 =　　㉙ 17−5−8=　　㉚ 18 − 9 − 3 =

月　日

1ねんの　ふくしゅう(5)

なまえ

① 8 + 5 =	② 3 + 7 =	③ 5 + 7 =
④ 9 + 2 =	⑤ 6 + 9 =	⑥ 4 + 8 =
⑦ 4 + 5 =	⑧ 8 + 9 =	⑨ 60 + 7 =
⑩ 3 + 8 =	⑪ 9 + 3 =	⑫ 7 + 8 =
⑬ 6 + 6 =	⑭ 6 + 8 =	⑮ 4 + 7 =
⑯ 5 + 9 =	⑰ 3 + 6 =	⑱ 60 + 40 =
⑲ 8 + 4 =	⑳ 7 + 7 =	㉑ 9 + 5 =
㉒ 27 + 2 =	㉓ 0 + 6 =	㉔ 5 + 6 =
㉕ 2 + 8 =	㉖ 9 + 6 =	㉗ 10 + 0 =
㉘ 9 + 7 =	㉙ 6 + 5 =	㉚ 62 + 7 =
㉛ 50 + 5 =	㉜ 8 + 7 =	㉝ 0 + 0 =
㉞ 10 + 4 =	㉟ 7 + 6 =	㊱ 10 + 90 =
㊲ 7 + 5 =	㊳ 93 + 6 =	㊴ 13 + 5 =
㊵ 8 + 8 =	㊶ 40 + 30 =	㊷ 20 + 70 =
㊸ 7 + 3 + 4 =	㊹ 8 + 6 + 2 =	㊺ 9 + 4 + 5 =

月　日

1ねんの　ふくしゅう(6)

なまえ

① 13 − 9=	② 10 − 2=	③ 14 − 8=
④ 13 − 7=	⑤ 9 − 6=	⑥ 6 − 2=
⑦ 5 − 3=	⑧ 11 − 8=	⑨ 19 − 3=
⑩ 17 − 5=	⑪ 11 − 5=	⑫ 16 − 9=
⑬ 15 − 9=	⑭ 5 − 0=	⑮ 12 − 8=
⑯ 7 − 4=	⑰ 63 − 3=	⑱ 15 − 3=
⑲ 90 − 70=	⑳ 14 − 6=	㉑ 48 − 6=
㉒ 6 − 6=	㉓ 12 − 7=	㉔ 19 − 9=
㉕ 15 − 3=	㉖ 8 − 4=	㉗ 92 − 2=
㉘ 12 − 6=	㉙ 11 − 9=	㉚ 0 − 0=
㉛ 18 − 6=	㉜ 60 − 30=	㉝ 16 − 7=
㉞ 11 − 4=	㉟ 17 − 7=	㊱ 100 − 20=
㊲ 67 − 5=	㊳ 14 − 7=	㊴ 17 − 4=
㊵ 11 − 2=	㊶ 12 − 4=	㊷ 100 − 70=
㊸ 12 − 2 − 6=	㊹ 11 − 6 − 4=	㊺ 15 − 8 − 2 =

月　日

1ねんの　ふくしゅう(7)

なまえ

1 えんぴつが えんぴつたてに 8ほん，ふでばこに 7ほん あります。えんぴつは あわせて なんぼん ありますか。

しき

こたえ

2 ともきさんは，かいがらを 9こ ひろいました。
みなみさんは，11こ ひろいました。どちらが なんこ おおいでしょうか。

しき

こたえ

3 たまいれを しました。 あかぐみは，31こ はいりました。しろぐみは，あかぐみより 8こ おおかったそうです。しろぐみは，なんこ はいりましたか。

しき

こたえ

月　日

1ねんの　ふくしゅう(8)

なまえ

1 ひつじと やぎが あわせて 14とう います。
そのうち 6とうは ひつじです。やぎは なんとう いますか。

しき

こたえ

2 はやとさんは，どんぐりを 25こ ひろいました。
ひなたさんは，はやとさんより 5こ すくなかったそうです。ひなたさんは なんこ ひろいましたか。

しき

こたえ

3 おりがみを 40まい もって います。20まい もらいました。おりがみは，ぜんぶで なんまいに なりましたか。

しき

こたえ

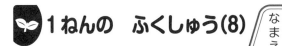

月　日

1ねんの　ふくしゅう(9)

なまえ

1　いちごを　あさに　7こ，ひるに　5こ，よるに　6こ　たべました。あわせて　なんこ　たべましたか。

しき

こたえ

2　バスに　13にん　のって　いました。つぎの　バスていで　6にん　おりて，8にん　のりました。バスに　のって　いる　ひとは，なんにんに　なりましたか。

しき

こたえ

3　おりがみを　17まい　もって　いました。5まい　つかって，4まい　いもうとに　あげました。おりがみは，なんまいに　なりましたか。

しき

こたえ

月　日

1ねんの　ふくしゅう(10)

なまえ

1　ひもが　3ぼん　あります。ながい　じゅんに　きごうを　かきましょう。

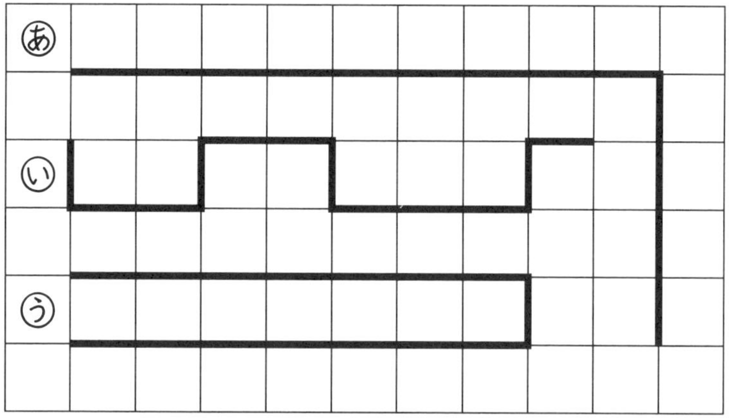

ながい　じゅんに　❶□　⇨　❷□　⇨　❸□

2　すいとうと　ペットボトルに　はいる　みずの　かさを，コップに　いれて　しらべました。

どちらが　どれだけ　おおいでしょうか。

すいとう

ペットボトル

□が　コップ　□はいぶん　おおい。

月　　日

1ねんの　ふくしゅう(11)

なまえ

● □に　あてはまる　かずを　かきましょう。

① 10が　8こで　□，1が　9こで　□，

80と　9で　□

② 10が　9こと，1が　5こで　□

③ 73は，10が　□こと　1が　□こ

④ 60は，10が　□こ

⑤ 100は，10が　□こ

⑥ 十《じゅう》のくらいが　8で，一《いち》のくらいが　2の

かずは　□

⑦ 100より　1　ちいさい　かずは，□

⑧ 109より　1　おおきい　かずは，□

月　　日

1ねんの　ふくしゅう(12)

なまえ

1 なんじなんぷんですか。

①

□

②

□

③

□

④

□

⑤

□

⑥

□

2 とけいの　はりが　3じ42ふんを　さして　いるのは　どちらですか。ただしい　ほうに　○を　つけましょう。

□

□

解答

児童に実施させる前に，必ず指導される方が問題を解いてください。本書の解答は，あくまでも１つの例です。指導される方の作られた解答をもとに，本書の解答例を参考に児童の多様な考えに寄り添って○つけをお願いします。

P.4

9 3つの かずの けいさん(1)
3つの かずの けいさん ①

月　日　なまえ

● いぬは，みんなで　なんびきに　なりましたか。

2ひき　のって　います。
2

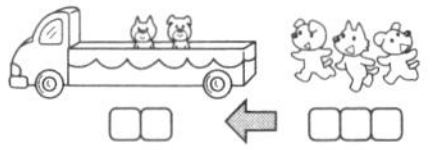

3びき　のります。
2＋3

3びき　のります。
2＋3＋3

しき　2＋3＋3＝8

こたえ　8ひき

9 3つの かずの けいさん(2)
3つの かずの けいさん ②

月　日　なまえ

● たしざんを　しましょう。
（　）の　かずを　かいてから　こたえましょう。

①3＋2＋4＝9 （5）
②4＋3＋2＝9 （7）
③3＋2＋1＝6 （5）
④5＋3＋2＝10 （8）
⑤5＋5＋2＝12 （10）
⑥7＋3＋4＝14 （10）
⑦6＋4＋3＝13 （10）
⑧2＋8＋5＝15 （10）

4

P.5

9 3つの かずの けいさん(3)
3つの かずの けいさん ③

月　日　なまえ

①4＋2＋3＝9　②2＋1＋5＝8
③1＋4＋2＝7　④6＋3＋1＝10
⑤6＋4＋5＝15　⑥3＋7＋6＝16
⑦9＋1＋6＝16　⑧5＋5＋4＝14
⑨8＋2＋3＝13　⑩4＋6＋8＝18

9 3つの かずの けいさん(4)
3つの かずの けいさん ④

月　日　なまえ

● いぬは，なんびき　のこって　いますか。

8ひき　のって　います。
8

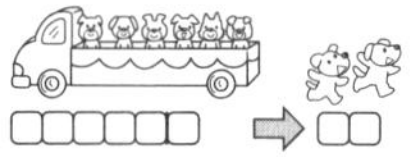

2ひき　おりました。
8－2

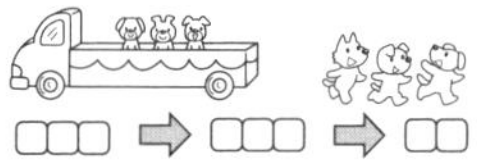

3びき　おりました。
8－2－3

しき　8－2－3＝3

こたえ　3びき

5

P.6

9 3つの かずの けいさん(5)
3つの かずの けいさん ⑤

月　日　なまえ

①8－2－3＝3　②7－4－1＝2
③12－2－5＝5　④13－3－6＝4
⑤14－4－8＝2　⑥15－5－3＝7
⑦17－7－4＝6　⑧19－9－2＝8
⑨18－8－8＝2　⑩11－1－7＝3

9 3つの かずの けいさん(6)
3つの かずの けいさん ⑥

月　日　なまえ

● いぬは，なんびきに　なりましたか。

6ぴき　のって　います。
6

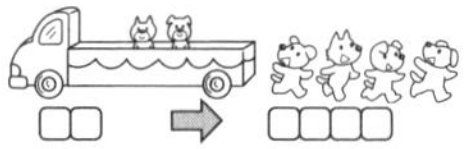

4ひき　おりました。
6－4

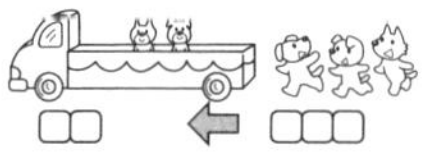

3びき　のりました。
6－4＋3

しき　6－4＋3＝5

こたえ　5ひき

6

P.7

9 3つの かずの けいさん(7)
3つの かずの けいさん ⑦

月　日　なまえ

①7－3＋2＝6　②9－6＋4＝7
③10－6＋4＝8　④10－8＋3＝5
⑤6＋2－4＝4　⑥7＋2－5＝4
⑦4＋6－5＝5　⑧2＋8－7＝3
⑨3＋3＋3＋1＝10
⑩10－2－2－2＝4

9 3つの かずの けいさん(8)
3つの かずの けいさん ⑧

月　日　なまえ

①4＋3－2＝5　②8－5＋1＝4
③2＋6－3＝5　④9－7＋4＝6
⑤5＋2－6＝1　⑥4＋3－5＝2
⑦10－7＋3＝6　⑧10－6＋3＝7
⑨5＋5－6＝4　⑩3＋7－5＝5
⑪9＋1－4＝6　⑫2＋8－6＝4
⑬15－5－5－5＝0
⑭4＋4＋2＋2＝12

7

P.8

9 3つの かずの けいさん(9)
3つの かずの けいさん ⑨

月 日 なまえ

① 3＋3＋2＝8
② 8＋2＋6＝16
③ 6＋4＋2＝12
④ 3＋7＋3＝13
⑤ 8－3－3＝2
⑥ 11－1－2＝8
⑦ 16－6－6＝4
⑧ 14－4－7＝3
⑨ 8－5＋3＝6
⑩ 10－3＋1＝8
⑪ 10－5＋2＝7
⑫ 10－8＋4＝6
⑬ 4＋2－5＝1
⑭ 7＋3－4＝6
⑮ 9＋1－7＝3
⑯ 2＋8－5＝5
⑰ 5＋5＋2＋2＝14
⑱ 10－1－2－3＝4

8

9 3つの かずの けいさん(10)
3つの かずの けいさん ⑩

月 日 なまえ

① 5＋5＋9＝19
② 7－4＋3＝6
③ 10－7＋5＝8
④ 7＋3＋7＝17
⑤ 9－3－3＝3
⑥ 18－8－4＝6
⑦ 6＋2－1＝7
⑧ 2＋8－7＝3
⑨ 6＋2＋1＝9
⑩ 10－6＋3＝7
⑪ 19－9－9＝1
⑫ 2＋8－7＝3
⑬ 10－3＋1＝8
⑭ 1＋9＋3＝13
⑮ 12－2－4＝6
⑯ 3＋4－2＝5
⑰ 10＋3＋4＝17
⑱ 10＋8－4＝14

P.9

9 ふりかえり・たしかめ (1)
3つの かずの けいさん

月 日 なまえ

1 ばななが 6ぽん ありました。
あさに 2ほん たべました。
ひるに 1ぽん たべました。
ばななは なんぼんに なりましたか。

しき 6－2－1＝3

こたえ 3ぼん

2 えんぴつを 8ほん もって います。
2ほん かいました。
4ほん もらいました。
えんぴつは なんぼんに なりましたか。

しき 8＋2＋4＝14

こたえ 14ほん

9 ふりかえり・たしかめ (2)
3つの かずの けいさん

月 日 なまえ

1 たまごが 10こ ありました。
4こ りょうりに つかいました。
2こ かって きました。
たまごは なんこに なりましたか。

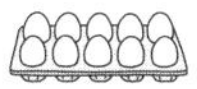

しき 10－4＋2＝8

こたえ 8こ

2 おりがみを 14まい もって いました。
4まい つかいました。
6まい あげました。
おりがみは なんまいに なりましたか。

しき 14－4－6＝4

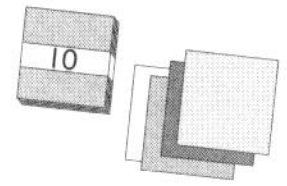
10

こたえ 4まい

9

P.10

9 まとめのテスト
3つの かずの けいさん

月 日 なまえ

【知識・技能】

1 けいさんを しましょう。(5×10)

① 2＋3＋3＝8
② 6＋4＋7＝17
③ 8－3－2＝3
④ 14－4－6＝4
⑤ 7－4＋3＝6
⑥ 10－6＋4＝8
⑦ 4＋5－3＝6
⑧ 7＋3－5＝5
⑨ 8＋2＋6＝16
⑩ 10－7＋5＝8

【思考・判断・表現】

2 あめが 8こ あります。
わたしが 3こ たべました。
おとうとも 2こ たべました。
あめは なんこに なりましたか。(5×2)

しき 8－3－2＝3

こたえ 3こ

3 こうえんで 7にん あそんで います。3にん きました。
5にん かえりました。
こうえんで あそんで いるのは なんにんに なりましたか。(10×2)

しき 7＋3－5＝5

こたえ 5にん

4 おりがみが 16まい あります。
6まい つかいました。
4まい もらいました。
おりがみは なんまいに なりましたか。(10×2)

しき 16－6＋4＝14

こたえ 14まい

10

P.11

10 どちらが おおい (1)
どちらが おおい ①

月 日 なまえ

● はいる みずは，どちらが おおいでしょうか。

① あの みずを いに いれて しらべます。

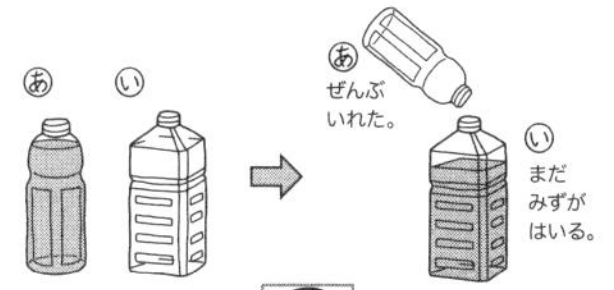
あ
い
あ
ぜんぶ
いれた。
い
まだ
みずが
はいる。

あと いでは，(い) の ほうが おおい。

② うの みずを えに いれて しらべます。

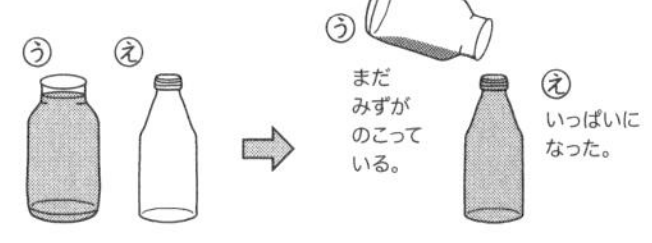
う
え
う
まだ
みずが
のこって
いる。
え
いっぱいに
なった。

うと えでは，(う) の ほうが おおい。

10 どちらが おおい (2)
どちらが おおい ②

月 日 なまえ

● はいって いる みずの おおい じゅんを しらべましょう。

①

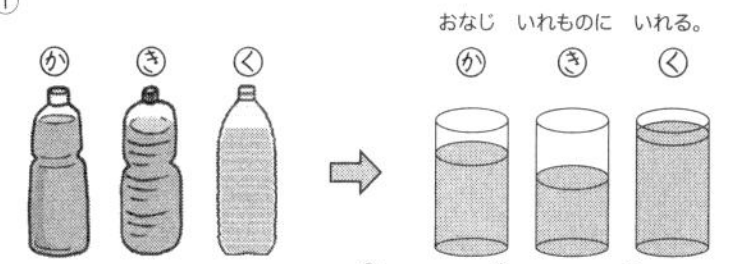
か
き
く
おなじ いれものに いれる。
か
き
く

みずの おおい じゅん ❶(く)⇨❷(か)⇨❸(き)

②

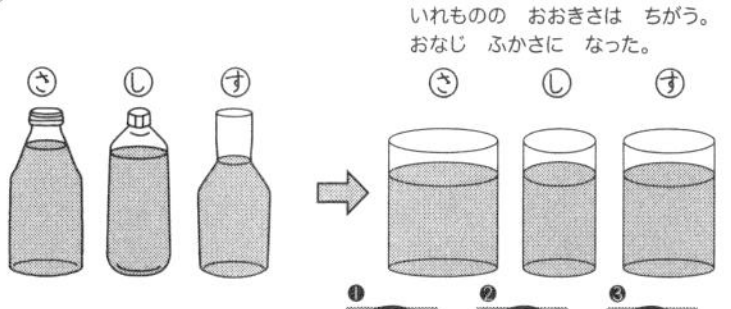
さ
し
す
いれものの おおきさは ちがう。
おなじ ふかさに なった。
さ
し
す

みずの おおい じゅん ❶(さ)⇨❷(す)⇨❸(し)

11

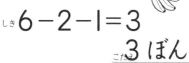

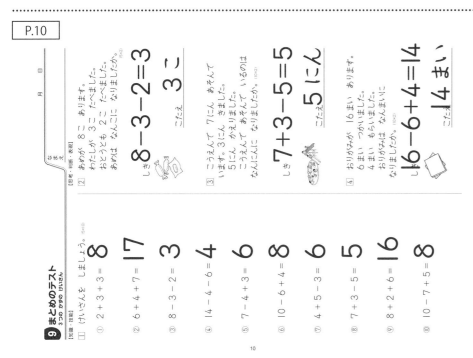

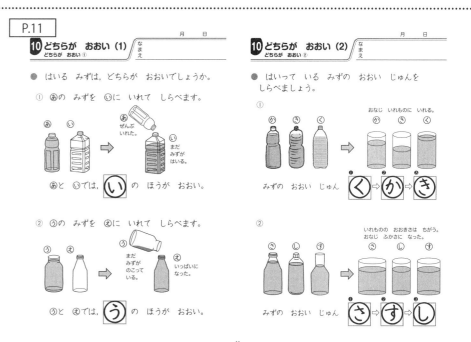

解答

児童に実施させる前に，必ず指導される方が問題を解いてください。本書の解答は，あくまでも１つの例です。指導される方の作られた解答をもとに，本書の解答例を参考に児童の多様な考えに寄り添って○つけをお願いします。

P.12

10 どちらが　おおい (3)
どちらが　おおい ③

月　日　なまえ

● はいる　みずが　おおい　じゅんを　しらべましょう。
おなじ　おおきさの　こっぷを　つかって　しらべます。

おおい　じゅんに　かきましょう。

❶ やかん ⇨ ❷ ぺっとぼとる ⇨ ❸ ぽっと

10 どちらが　おおい (4)
どちらが　おおい ④

月　日　なまえ

● はいる　みずを　おなじ　こっぷを　つかって　しらべました。

□に　あてはまる　かずを　かきましょう。

① すいとうは，びんより　こっぷ 5 はいぶん　おおく　はいる。
② かみぱっくは，びんより　こっぷ 2 はいぶん　おおく　はいる。
③ すいとうは，かみぱっくより　こっぷ 3 ばいぶん　おおく　はいる。

P.13

10 まとめのテスト
どちらが　おおい

月　日　なまえ

【知識・技能】

1 おおく　はいる　ほうに　○を　つけましょう。(10×5)

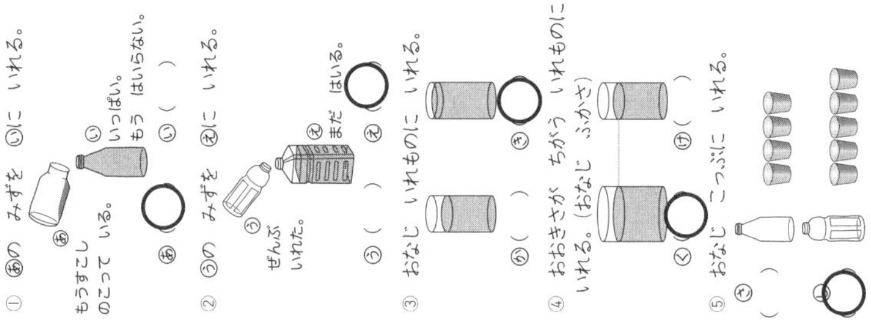

① あの　みずを　いに　いれる。
あ もうすこし　のこって　いる。
い いっぱい。もう　はいらない。
あ（〇）　い（　）

② うの　みずを　えに　いれる。
う ぜんぶ　いれた。
え まだ　はいる。
う（　）　え（〇）

③ おなじ　いれものに　いれる。
か（　）　き（〇）

④ おおきさが　ちがう　いれものに　いれる。（おなじ　ふかさ）
く（〇）　け（　）

⑤ おなじ　こっぷに　いれる。
さ（　）　し（〇）

【思考・判断・表現】

2 すいとう　あ，い，うに　はいる　みずを　しらべました。

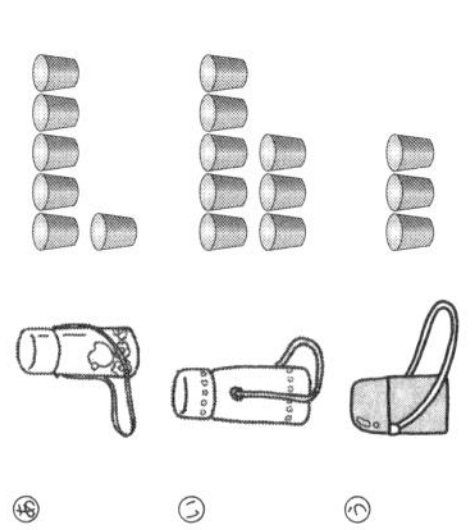

① （　）には，あ，い，うの　どれかを，□には　かずを　かきましょう。(10×4)

あと　いを　くらべると，（い）の　ほうが　こっぷ 2 はいぶん　おおい。

あと　うを　くらべると，（あ）の　ほうが　こっぷ 3 ばいぶん　おおい。

② すいとう　あ，い，うを　はいる　みずが　おおい　じゅんに　ならべましょう。(10)

❶ い ⇦ ❷ あ ⇦ ❸ う

P.14

11 たしざん (1)
たしざん ①

月　日　なまえ

● 9＋3　の　けいさんの　しかたを　かんがえましょう。
□に　あてはまる　かずを　かきましょう。

① 9 ＋ 3

9は　あと 1 で　10だから，
3を 1 と　2に　わけます。（3 → 1，2）

②
9に 1 を　たして　10。

③
10と 2 で　12。

9 + 3 = 12

11 たしざん (2)
たしざん ②

月　日　なまえ

● 8＋5　の　けいさんの　しかたを　かんがえましょう。
□に　あてはまる　かずを　かきましょう。

① 8 ＋ 5

8は　あと 2 で　10だから，
5を 2 と　3に　わけます。（5 → 2，3）

②
8に 2 を　たして　10。

③
10と 3 で　13。

8 + 5 = 13

P.15

11 たしざん (3)
たしざん ③

月　日　なまえ

● 7＋5　の　けいさんの　しかたを　かんがえましょう。
□に　あてはまる　かずを　かきましょう。

① 7 ＋ 5

7は　あと 3 で　10だから，
5を 3 と 2 に　わけます。（5 → 3，2）

②
7に 3 を　たして 10。

③
10と 2 で 12。

7 + 5 = 12

11 たしざん (4)
たしざん ④

月　日　なまえ

① 9 + 4 = 13	② 9 + 2 = 11
③ 9 + 6 = 15	④ 9 + 8 = 17
⑤ 8 + 3 = 11	⑥ 8 + 6 = 14
⑦ 8 + 7 = 15	⑧ 8 + 4 = 12
⑨ 7 + 4 = 11	⑩ 7 + 6 = 13
⑪ 7 + 8 = 15	⑫ 7 + 9 = 16
⑬ 6 + 5 = 11	⑭ 6 + 8 = 14

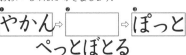

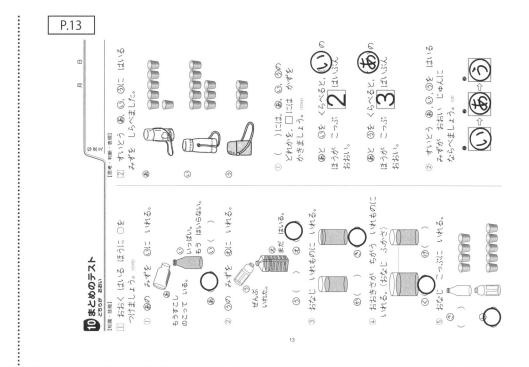

P.16

11 たしざん (5)
たしざん ⑤

月　日　なまえ

①8 + 8 = 16　②6 + 6 = 12
③9 + 5 = 14　④9 + 3 = 12
⑤7 + 7 = 14　⑥8 + 7 = 15
⑦9 + 4 = 13　⑧9 + 7 = 16
⑨8 + 9 = 17　⑩8 + 3 = 11
⑪8 + 5 = 13　⑫6 + 7 = 13
⑬7 + 4 = 11　⑭9 + 2 = 11
⑮6 + 9 = 15　⑯7 + 5 = 12
⑰7 + 6 = 13　⑱8 + 6 = 14
⑲8 + 4 = 12　⑳9 + 9 = 18

11 たしざん (6)
たしざん ⑥

月　日　なまえ

1　くろい　えんぴつが　8ほん，あかい　えんぴつが　5ほん　あります。えんぴつは　あわせて　なんぼん　ありますか。

しき　8 + 5 = 13

こたえ　13ぼん

2　きんぎょを　7ひき　かって　います。4ひき　もらいました。きんぎょは　ぜんぶで　なんびきに　なりましたか。

しき　7 + 4 = 11

こたえ　11ぴき

3　つみきを　9こ　つんで　います。そのうえに　6こ　つみました。つみきを　ぜんぶで　なんこ　つみましたか。

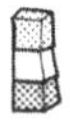

しき　9 + 6 = 15

こたえ　15こ

16

P.17

11 たしざん (7)
たしざん ⑦

月　日　なまえ

● 3+9　の　けいさんの　しかたを　かんがえましょう。□に　あてはまる　かずを　かきましょう。

かんがえ 1

①　3　+　9

3は　あと　7　て　10だから，

9を　7　と　2　に　わけます。（9 → 7，2）

②
3に　7　を　たして　10。

③
10と　2　で　12。

かんがえ 2

3 + 9は　9 + 3　と　おなじだから，

9 + 3 = 12（3 → 1，2）

11 たしざん (8)
たしざん ⑧

月　日　なまえ

①3 + 8 = 11　②4 + 7 = 11
③5 + 8 = 13　④6 + 9 = 15
⑤2 + 9 = 11　⑥4 + 9 = 13
⑦6 + 7 = 13　⑧7 + 8 = 15
⑨4 + 8 = 12　⑩5 + 7 = 12
⑪8 + 9 = 17　⑫6 + 8 = 14
⑬5 + 6 = 11　⑭7 + 9 = 16

17

P.18

11 たしざん (9)
たしざん ⑨

月　日　なまえ

①5 + 6 = 11　②6 + 8 = 14
③7 + 8 = 15　④8 + 9 = 17
⑤4 + 7 = 11　⑥5 + 7 = 12
⑦7 + 9 = 16　⑧4 + 8 = 12
⑨5 + 9 = 14　⑩6 + 7 = 13
⑪3 + 8 = 11　⑫4 + 9 = 13
⑬5 + 8 = 13　⑭6 + 9 = 15

11 たしざん (10)
たしざん ⑩

月　日　なまえ

①7 + 9 = 16　②6 + 7 = 13
③3 + 8 = 11　④5 + 6 = 11
⑤6 + 8 = 14　⑥3 + 9 = 12
⑦5 + 9 = 14　⑧7 + 8 = 15
⑨2 + 9 = 11　⑩4 + 8 = 12
⑪6 + 9 = 15　⑫6 + 6 = 12
⑬8 + 8 = 16　⑭5 + 8 = 13
⑮4 + 7 = 11　⑯8 + 9 = 17
⑰5 + 7 = 12　⑱4 + 9 = 13
⑲7 + 9 = 16　⑳7 + 7 = 14

18

P.19

11 たしざん (11)
たしざん ⑪

月　日　なまえ

①7 + 5 = 12　②8 + 3 = 11
③9 + 2 = 11　④6 + 5 = 11
⑤4 + 8 = 12　⑥8 + 9 = 17
⑦5 + 7 = 12　⑧3 + 8 = 11
⑨9 + 5 = 14　⑩6 + 9 = 15
⑪8 + 6 = 14　⑫2 + 9 = 11
⑬4 + 9 = 13　⑭7 + 8 = 15
⑮5 + 9 = 14　⑯9 + 6 = 15
⑰9 + 8 = 17　⑱6 + 7 = 13
⑲6 + 6 = 12　⑳8 + 7 = 15

11 たしざん (12)
たしざん ⑫

月　日　なまえ

①8 + 5 = 13　②6 + 8 = 14
③5 + 6 = 11　④9 + 7 = 16
⑤9 + 3 = 12　⑥7 + 6 = 13
⑦4 + 7 = 11　⑧8 + 8 = 16
⑨8 + 4 = 12　⑩5 + 8 = 13
⑪9 + 8 = 17　⑫3 + 9 = 12
⑬7 + 8 = 15　⑭9 + 4 = 13
⑮7 + 4 = 11　⑯8 + 9 = 17
⑰9 + 9 = 18　⑱7 + 9 = 16
⑲4 + 8 = 12　⑳8 + 7 = 15

19

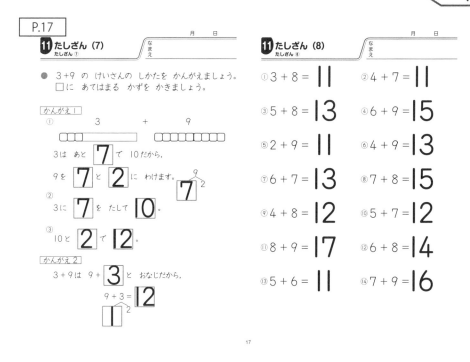

解答

児童に実施させる前に，必ず指導される方が問題を解いてください。本書の解答は，あくまでも１つの例です。指導される方の作られた解答をもとに，本書の解答例を参考に児童の多様な考えに寄り添って○つけをお願いします。

P.20

11 たしざん（13）
たしざん ⑬

月　日　なまえ

①8＋3＝11　②7＋6＝13　③9＋4＝13
④6＋5＝11　⑤8＋9＝17　⑥8＋6＝14
⑦9＋6＝15　⑧5＋6＝11　⑨9＋7＝16
⑩8＋7＝15　⑪9＋2＝11　⑫6＋7＝13
⑬9＋9＝18　⑭6＋9＝15　⑮8＋4＝12
⑯7＋4＝11　⑰7＋7＝14　⑱5＋8＝13
⑲9＋3＝12　⑳5＋9＝14　㉑7＋9＝16
㉒6＋8＝14　㉓8＋8＝16　㉔9＋5＝14
㉕8＋5＝13　㉖6＋6＝12　㉗5＋7＝12
㉘7＋8＝15　㉙7＋5＝12　㉚9＋8＝17

11 たしざん（14）
たしざん ⑭

月　日　なまえ

①9＋4＝13　②8＋8＝16　③4＋9＝13
④7＋8＝15　⑤9＋7＝16　⑥7＋4＝11
⑦8＋5＝13　⑧7＋6＝13　⑨3＋9＝12
⑩4＋7＝11　⑪8＋3＝11　⑫6＋5＝11
⑬8＋9＝17　⑭9＋2＝11　⑮6＋7＝13
⑯9＋5＝14　⑰6＋6＝12　⑱8＋6＝14
⑲3＋8＝11　⑳9＋8＝17　㉑7＋7＝14
㉒9＋9＝18　㉓4＋8＝12　㉔8＋7＝15
㉕9＋3＝12　㉖7＋5＝12　㉗9＋6＝15
㉑7＋9＝16　㉙2＋9＝11　㉚8＋4＝12

20

P.21

11 たしざん（15）
たしざん ⑮

月　日　なまえ

①7＋4＝11　②8＋5＝13　③7＋9＝16
④9＋6＝15　⑤6＋5＝11　⑥4＋7＝11
⑦3＋8＝11　⑧5＋9＝14　⑨9＋9＝18
⑩9＋7＝16　⑪9＋2＝11　⑫9＋5＝14
⑬8＋6＝14　⑭9＋7＝16　⑮6＋6＝12
⑯8＋9＝17　⑰7＋5＝12　⑱8＋7＝15
⑲9＋4＝13　⑳8＋3＝11　㉑2＋9＝11
㉒6＋7＝13　㉓4＋9＝13　㉔5＋7＝12
㉕5＋8＝13　㉖9＋8＝17　㉗9＋3＝12
㉘8＋9＝17　㉙4＋8＝12　㉚7＋6＝13
㉛6＋8＝14　㉜6＋8＝14　㉝8＋4＝12
㉞7＋7＝14　㉟5＋6＝11　㊱9＋5＝14
㊲8＋8＝16　㊳9＋2＝11　㊴3＋9＝12
㊵9＋3＝12　㊶8＋8＝16　㊷9＋9＝18
㊸9＋6＝15　㊹7＋8＝15　㊺6＋9＝15

11 たしざん（16）
たしざん ⑯

月　日　なまえ

①7＋9＝16　②8＋7＝15　③6＋8＝14
④6＋6＝12　⑤5＋9＝14　⑥7＋4＝11
⑦3＋9＝12　⑧9＋9＝18　⑨9＋5＝14
⑩8＋9＝17　⑪4＋9＝13　⑫8＋3＝11
⑬7＋7＝14　⑭7＋8＝15　⑮8＋8＝16
⑯8＋6＝14　⑰8＋5＝13　⑱8＋4＝12
⑲9＋8＝17　⑳9＋2＝11　㉑9＋6＝15
㉒5＋8＝13　㉓8＋6＝14　㉔7＋8＝15
㉕9＋4＝13　㉖6＋9＝15　㉗8＋5＝13
㉘8＋7＝15　㉙7＋9＝16　㉚7＋7＝14
㉛4＋7＝11　㉜8＋4＝12　㉝6＋5＝11
㉞9＋3＝12　㉟7＋6＝13　㊱5＋7＝12
㊲5＋6＝11　㊳2＋9＝11　㊳3＋8＝11
㊵7＋5＝12　㊶6＋7＝13　㊷9＋4＝13
㊸8＋3＝11　㊹9＋7＝16　㊺4＋8＝12

21

P.22

11 たしざん（17）
たしざん ⑰

月　日　なまえ

1　おすの　ライオンが　４とう，めすの　ライオンが　８とう　います。ライオンは　ぜんぶで　なんとう　いますか。

しき　4＋8＝12

こたえ　12とう

2　あかい　きんぎょが　７ひき，くろい　きんぎょが　９ひき　います。きんぎょは　あわせて　なんびき　いますか。

しき　7＋9＝16

こたえ　16ぴき

3　バスに　８にん　のって　います。つぎの　バスていで　７にん　のって　きました。バスに　のって　いる　ひとは　なんにんに　なりましたか。

しき　8＋7＝15

こたえ　15にん

11 たしざん（18）
たしざん ⑱

月　日　なまえ

1　せみが　みぎの　きに　６ぴき，ひだりの　きに　７ひき　います。せみは　あわせて　なんびき　いますか。

しき　6＋7＝13

こたえ　13びき

2　きのう　ほんよみを　５かい　しました。　きょうは　７かい　しました。あわせて　なんかい　ほんよみを　しましたか。

しき　5＋7＝12

こたえ　12かい

3　あさがおの　あかい　はなが　６こ，むらさきいろの　はなが　９こ　さいて　います。あさがおの　はなは　ぜんぶで　なんこ　さいて　いますか。

しき　6＋9＝15

こたえ　15こ

22

P.23

11 たしざん（19）
たしざん ⑲

月　日　なまえ

1　あかい　ふうせんが　６こ，きいろい　ふうせんが　５こ　あります。ふうせんは　ぜんぶで　なんこ　ありますか。

しき　6＋5＝11

こたえ　11こ

2　きょうしつに　こどもが　８にん　います。そこへ　こどもが　７にん　やって　きました。きょうしつの　こどもは　なんにんに　なりましたか。

しき　8＋7＝15

こたえ　15にん

3　さかなつりで　わたしは　４ひき，おとうさんは　９ひき　つりました。つった　さかなは，ぜんぶで　なんびきに　なりましたか。

しき　4＋9＝13

こたえ　13びき

11 たしざん（20）
たしざん ⑳

月　日　なまえ

1　おやの　さるが　７ひき，こどもの　さるが　９ひき　います。さるは　ぜんぶで　なんびき　いますか。

しき　7＋9＝16

こたえ　16ぴき

2　ちゅうしゃじょうに　くるまが　８だい　とまって　います。４だい　はいって　きて　とまりました。ちゅうしゃじょうの　くるまは　なんだいに　なりましたか。

しき　8＋4＝12

こたえ　12だい

3　ミニトマトが　きのうは　６こ，きょうは　７こ　とれました。ミニトマトは　あわせて　なんこ　とれましたか。

しき　6＋7＝13

こたえ　13こ

23

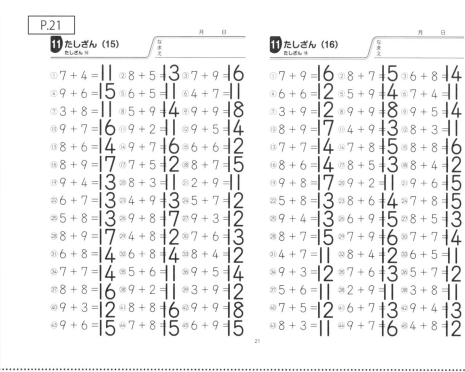

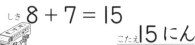

P.24

11 たしざん (21)
かあど れんしゅう ①

月　日　なまえ

● こたえが おおきい ほうに ○を つけましょう。

①	7＋8	○		9＋5
②	6＋6		○	5＋8
③	5＋7	○		8＋3
④	9＋6		○	8＋8
⑤	4＋9	○		7＋5
⑥	5＋9	○		6＋7
⑦	9＋2		○	5＋7
⑧	6＋8		○	9＋6

11 たしざん (22)
かあど れんしゅう ②

月　日　なまえ

● こたえが おなじに なる かあどを せんで むすびましょう。

①
7＋5 ― 6＋6
2＋9 ― 4＋7
6＋7 ― 8＋5

②
8＋7 ― 6＋9
7＋9 ― 8＋8
9＋5 ― 7＋7
8＋9 ― 9＋8

P.25

11 たしざん (23)
かあど れんしゅう ③

月　日　なまえ

● かあどを したから えらんで ▭ に かきましょう。

① こたえが 13に なる かあど
9＋4　8＋5　7＋6　6＋7

② こたえが 14に なる かあど
9＋5　8＋6　7＋7　6＋8

③ こたえが 15に なる かあど
9＋6　8＋7　7＋8　6＋9

9＋2			
9＋3	8＋3		
9＋4	8＋4	7＋4	
9＋5	8＋5	7＋5	6＋5
9＋6	8＋6	7＋6	6＋6
9＋7	8＋7	7＋7	6＋7
9＋8	8＋8	7＋8	6＋8
9＋9	8＋9	7＋9	6＋9

11 たしざん (24)
かあど れんしゅう ④

月　日　なまえ

● こたえが おなじに なる かあどを あつめて います。あいて いる かあどに はいる かあどの しきを したから えらんで かきましょう。

① 3＋8　6＋5　5＋6　4＋7　2＋9

② 5＋7　6＋6　4＋8　3＋9

③ 4＋9　5＋8　6＋7

6＋5				
6＋6	5＋6			
6＋7	5＋7	4＋7		
6＋8	5＋8	4＋8	3＋8	
6＋9	5＋9	4＋9	3＋9	2＋9

P.26

11 ふりかえり・たしかめ (1)
たしざん

月　日　なまえ

1 8＋7の けいさんの しかたを かんがえます。□に あてはまる かずを かきましょう。

① 8は あと 2 で 10。
② 7を 2 と 5 に わける。
③ 8に 2 を たして 10。
④ 10と 5 で 15。

8＋7＝15
2　5

2 けいさんを しましょう。

① 9＋4＝13　② 7＋9＝16　③ 8＋5＝13
④ 6＋7＝13　⑤ 9＋9＝18　⑥ 5＋6＝11
⑦ 8＋8＝16　⑧ 6＋6＝12　⑨ 7＋4＝11
⑩ 7＋7＝14　⑪ 8＋4＝12　⑫ 6＋8＝14

11 ふりかえり・たしかめ (2)
たしざん

月　日　なまえ

1 9＋5の けいさんの しかたを かんがえます。□に あてはまる かずを かきましょう。

① 9は あと 1 で 10。
② 5を 1 と 4 に わける。
③ 9に 1 を たして 10。
④ 10と 4 で 14。

9＋5＝14
1　4

2 けいさんを しましょう。

① 8＋9＝17　② 9＋7＝16　③ 7＋8＝15
④ 7＋6＝13　⑤ 5＋8＝13　⑥ 4＋9＝13
⑦ 9＋6＝15　⑧ 3＋8＝11　⑨ 8＋6＝14
⑩ 5＋7＝12　⑪ 7＋5＝12　⑫ 2＋9＝11

P.27

11 ふりかえり・たしかめ (3)
たしざん

月　日　なまえ

1 まさきさんは かいを 8こ，ゆきさんは 6こ ひろいました。あわせて なんこ ひろいましたか。

しき 8＋6＝14　こたえ 14こ

2 おんどりを 4わ，めんどりを 7わ かって います。にわとりを あわせて なんわ かって いますか。

しき 4＋7＝11　こたえ 11わ

3 こたえが 12に なる たしざんの しきを，5つ りましょう。
(例)
9＋3＝12　8＋4＝12
7＋5＝12　6＋6＝12
3＋9＝12

11 ふりかえり・たしかめ (4)
たしざん

月　日　なまえ

1 はとが 5わ います。6わ とんで きました。はとは，あわせて なんわに なりましたか。

しき 5＋6＝11　こたえ 11わ

2 8がつには ほんを 7さつ，9がつには 8さつ よみました。あわせて なんさつ よみましたか。

しき 7＋8＝15　こたえ 15さつ

3 こたえが 14に なる たしざんの しきを，5つ りましょう。
(例)
9＋5＝14　8＋6＝14
7＋7＝14　5＋9＝14
6＋8＝14

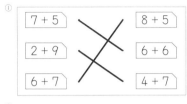

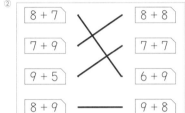

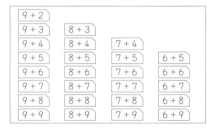

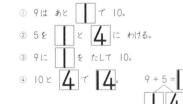

解答

児童に実施させる前に，必ず指導される方が問題を解いてください。本書の解答は，あくまでも１つの例です。指導される方の作られた解答をもとに，本書の解答例を参考に児童の多様な考えに寄り添って○つけをお願いします。

P.28

11 まとめのテスト
たしざん

月　日
なまえ

【知識・技能】
1 けいさんを しましょう。(5×10)

① 8＋4＝12
② 7＋9＝16
③ 8＋8＝16
④ 9＋9＝18
⑤ 6＋8＝14
⑥ 6＋6＝12
⑦ 5＋8＝13
⑧ 3＋9＝12
⑨ 7＋5＝12
⑩ 5＋6＝11

【思考・判断・表現】
2 あかえんぴつが 8ほん，あおえんぴつが 7ほん あります。えんぴつは，あわせて なんぼん ありますか。(5×2)

しき 8＋7＝15
こたえ 15ほん

3 メロンパンを 7こと，あんパンを 6こ かいました。あわせて パンを なんこ かいましたか。(5×2)

しき 7＋6＝13
こたえ 13こ

4 いちごを あさに 6こ，ひるに 9こ たべました。あわせて なんこ たべましたか。(5×2)

しき 6＋9＝15
こたえ 15こ

5 かきが かごに 7こ，はこに 4こ はいって います。かきは ぜんぶで なんこ ありますか。(5×2)

しき 7＋4＝11
こたえ 11こ

6 こうえんに こどもが 9にん，おとなが 8にん います。あわせて なんにん いますか。(5×2)

しき 9＋8＝17
こたえ 17にん

28

P.29

12 かたちあそび (1)
かたちあそび ①

月　日
なまえ

● いろいろな かたちを しらべましょう。
□に あ，い，うの どれかを かきましょう。

あ ころころと よく ころがる。つみにくい。
い ころころと よく ころがる。つむことが できる。
う ころがらない。つむ ことが できる。

あ　う　い　う
い　あ　う　い

12 かたちあそび (2)
かたちあそび ②

月　日
なまえ

● あ，い，うと にて いる かたち 2つに ○を つけましょう。

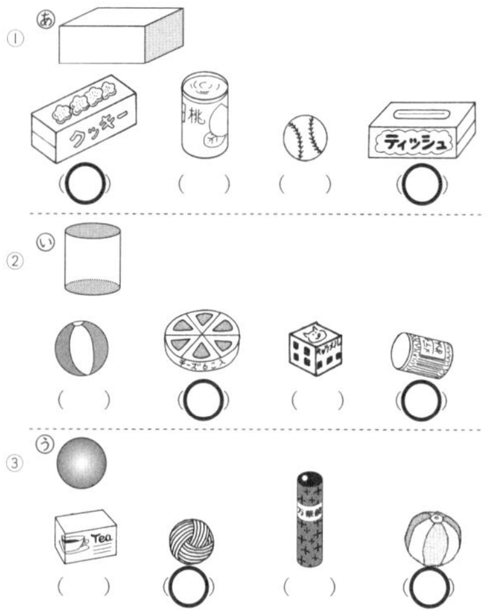

① あ　（○）（　）（　）（○）
② い　（　）（○）（　）（○）
③ う　（　）（○）（　）（○）

29

P.30

12 かたちあそび (3)
かたちあそび ③

月　日
なまえ

● そこの かたちを かみに うつしました。うつした かたちを せんで むすびましょう。

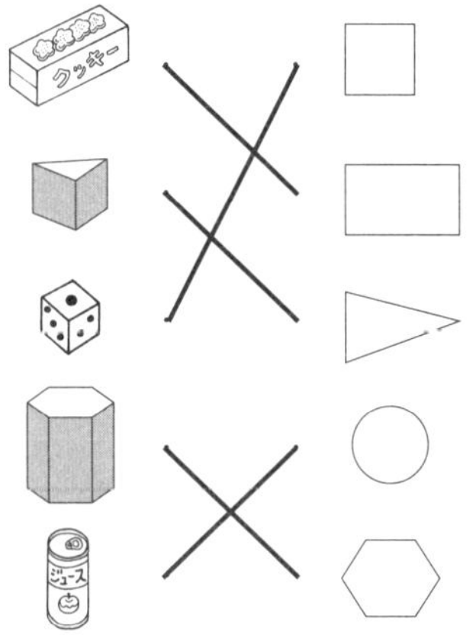

12 かたちあそび (4)
かたちあそび ④

月　日
なまえ

● いろいろな かたちの なかまわけを しました。どのような なかまわけを したのでしょうか。したの ぶんから 2つずつ えらんで かきましょう。

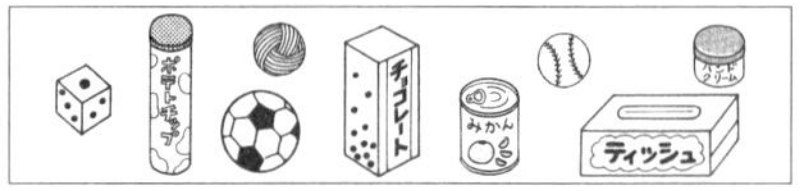

（1）	ころがらない。 つみあげやすい。
（2）	ころころと ころがる。 つみあげやすい。
（3）	ころころと ころがる。 つみあげられない。

ころころと ころがる。　ころがらない。
つみあげやすい。　つみあげられない。

30

P.31

12 まとめのテスト
かたちあそび

月　日
なまえ

【知識・技能】
1 おなじ なかまの かたちを えらんで，きごうを かきましょう。(10×3)

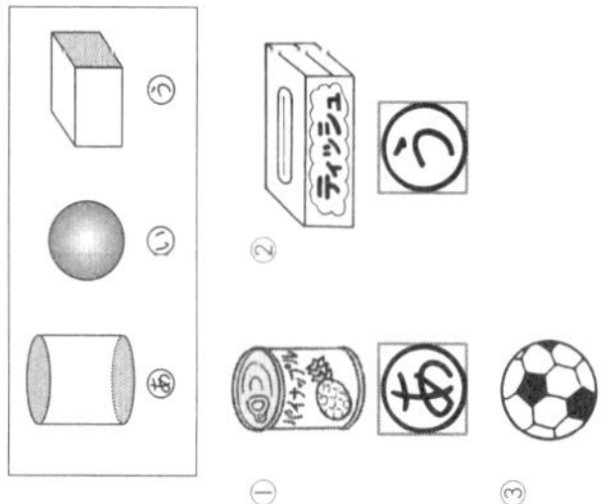

① あ
② う
③ い

2 ①と，②の そこの かたちを かみに うつすと，どのような かたちに なりますか。したから えらんで □に きごうを かきましょう。(10×2)

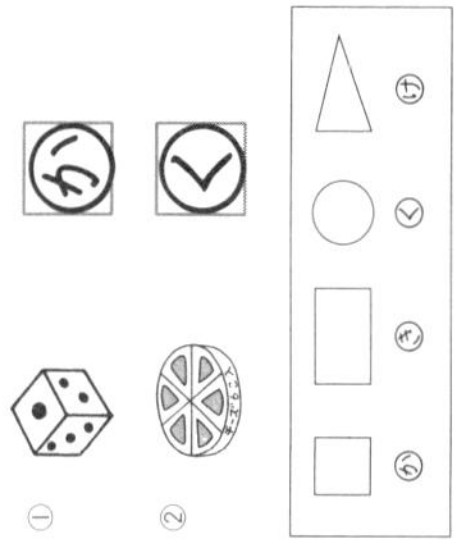

① か
② く

【思考・判断・表現】
3 いろいろな かたちの なかまわけを しましょう。あてはまる かたちを えらんで，きごうを かきましょう。(10×5)

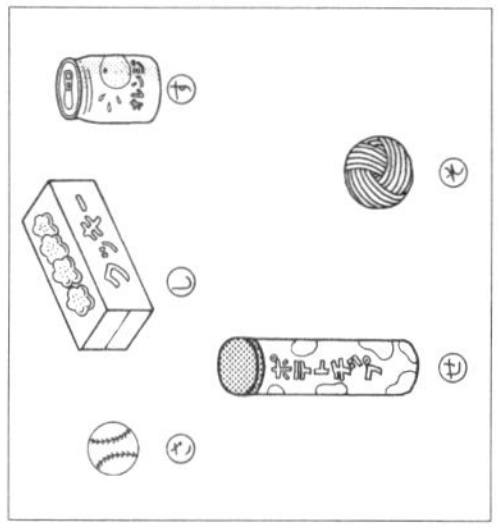

① つみあげる ことが でき，むきを かえると，ころころ ころがる かたち　す　せ
② ころころと ころがり，つみ あげる ことが できない かたち　そ　そ
③ ころころと ころがらず，つみ あげる ことが できる かたち　し

31

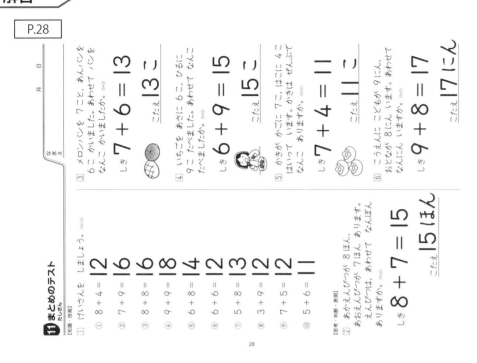

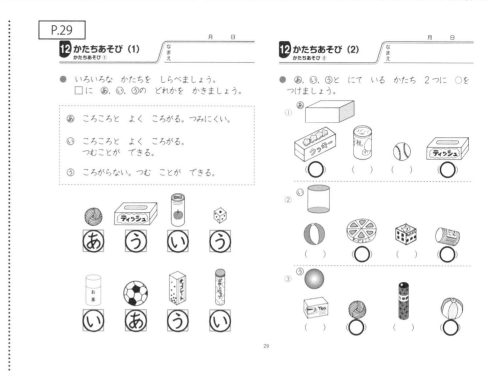

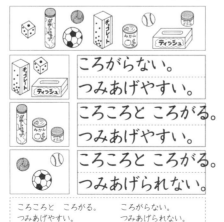

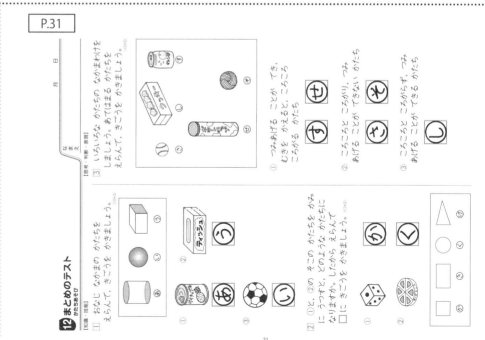

P.32

13 ひきざん（1）
ひきざん ①　月　日　なまえ

● 12－9 の けいさんの しかたを かんがえましょう。
□に あてはまる かずを かきましょう。

① 2から 9は ひけません。
12を 10 と 2に わけます。
12－9 → 10 2

② 10から 9を ひくと 1 。
12－9 → 10 2 → 1

③ 1 と 2で 3 。
12－9＝3 → 10 2 → 1

12－9＝3

32

13 ひきざん（2）
ひきざん ②　月　日　なまえ

● 13－8 の けいさんの しかたを かんがえましょう。
□に あてはまる かずを かきましょう。

① 3から 8は ひけません。
13を 10 と 3 に わけます。
13－8 → 10 3

② 10から 8を ひくと 2 。
13－8 → 10 3 → 2

③ 2 と 3で 5 。
13－8＝5 → 10 3 → 2

13－8＝5

P.33

13 ひきざん（3）
ひきざん ③　月　日　なまえ

● 12－7 の けいさんの しかたを かんがえましょう。
□に あてはまる かずを かきましょう。

① 2から 7は ひけません。
12を 10 と 2 に わけます。
12－7 → 10 2

② 10から 7を ひくと 3 。
12－7 → 10 2 → 3

③ 3 と 2で 5 。
12－7＝5 → 10 2 → 3

12－7＝5

33

13 ひきざん（4）
ひきざん ④　月　日　なまえ

① 15－9＝6　② 14－9＝5
③ 13－9＝4　④ 11－9＝2
⑤ 12－8＝4　⑥ 14－8＝6
⑦ 15－8＝7　⑧ 11－8＝3
⑨ 11－7＝4　⑩ 13－7＝6
⑪ 14－7＝7　⑫ 15－7＝8
⑬ 12－6＝6　⑭ 11－5＝6

P.34

13 ひきざん（5）
ひきざん ⑤　月　日　なまえ

① 14－9＝5　② 18－9＝9
③ 13－9＝4　④ 16－9＝7
⑤ 15－9＝6　⑥ 17－9＝8
⑦ 14－8＝6　⑧ 16－8＝8
⑨ 13－8＝5　⑩ 15－8＝7
⑪ 15－7＝8　⑫ 14－7＝7
⑬ 12－7＝5　⑭ 13－7＝6
⑮ 14－6＝8　⑯ 12－6＝6
⑰ 11－6＝5　⑱ 13－6＝7
⑲ 13－5＝8　⑳ 11－5＝6

34

13 ひきざん（6）
ひきざん ⑥　月　日　なまえ

1 いちごが 12こ ありました。9こ たべました。
いちごは なんこ のこって いますか。

しき 12－9＝3
こたえ 3こ

2 あかと くろの えんぴつが あわせて 12ほん
あります。そのうち くろが 8ほんです。あかの
えんぴつは なんぼんですか。

しき 12－8＝4
こたえ 4ほん

3 うめの おにぎりが 11こ，さけの おにぎりが
7こ あります。うめの おにぎりの ほうが なんこ
おおいでしょうか。

しき 11－7＝4

こたえ 4こ

P.35

13 ひきざん（7）
ひきざん ⑦　月　日　なまえ

1 こうえんに こどもが 9にん，おとなが 14にん
います。おとなの ほうが なんにん おおいでしょうか。

しき 14－9＝5
こたえ 5にん

2 えんぴつが 11ぽん あります。8ほん けずりました。
けずって いない えんぴつは なんぼんですか。

しき 11－8＝3

こたえ 3ぼん

3 どんぐりが 15こ ありました。おとうとに 7こ
あげました。どんぐりは なんこ のこって いますか。

しき 15－7＝8

こたえ 8こ

35

13 ひきざん（8）
ひきざん ⑧　月　日　なまえ

● 11－3 の けいさんの しかたを かんがえましょう。
□に あてはまる かずを かきましょう。

かんがえ 1
① 10から 3を ひくと 7 。
11－3 → 10 1 → 7

② 7 と 1で 8 。
11－3＝8 → 10 1 → 7

かんがえ 2
① 11から ばらの 1 を
ひいて 10。
11－3 → 1 2

② 10から のこりの 2 を ひいて 8 。
11－3＝8

解答

児童に実施させる前に，必ず指導される方が問題を解いてください。本書の解答は，あくまでも１つの例です。指導される方の作られた解答をもとに，本書の解答例を参考に児童の多様な考えに寄り添って○つけをお願いします。

P.36

⑬ ひきざん (9)

ひきざん ⑨

月　日　なまえ

● 15－6 の けいさんの しかたを かんがえましょう。
□に あてはまる かずを かきましょう。

かんがえ 1

① 10から 6を ひくと 4。

15－6
10 5

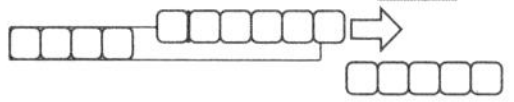

4

② 4 と 5で 9。

15－6＝9
10 5
4

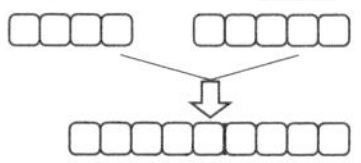

かんがえ 2

① 15から ばらの 5 を ひいて 10。

15－6
5 1

② 10から のこりの 1 を ひいて 9。

15－6＝9

⑬ ひきざん (10)

ひきざん ⑩

月　日　なまえ

① 12－4＝8　② 11－2＝9
③ 12－3＝9　④ 13－4＝9
⑤ 13－5＝8　⑥ 11－4＝7
⑦ 16－7＝9　⑧ 13－6＝7
⑨ 14－5＝9　⑩ 14－6＝8
⑪ 18－9＝9　⑫ 17－8＝9
⑬ 12－5＝7　⑭ 14－6＝8

P.37

⑬ ひきざん (11)

ひきざん ⑪

月　日　なまえ

1 ぎょうざが 12こ あります。3こ たべると，
のこりは なんこに なりますか。

しき 12－3＝9

こたえ 9こ

2 けいさんを しましょう。

① 11－2＝9　② 12－5＝7
③ 15－6＝9　④ 13－6＝7
⑤ 11－4＝7　⑥ 12－3＝9
⑦ 11－3＝8　⑧ 14－5＝9
⑨ 13－4＝9　⑩ 16－7＝9
⑪ 12－4＝8　⑫ 16－8＝8

⑬ ひきざん (12)

ひきざん ⑫

月　日　なまえ

① 12－9＝3　② 17－8＝9
③ 15－6＝9　④ 13－5＝8
⑤ 11－9＝2　⑥ 14－9＝5
⑦ 14－6＝8　⑧ 11－3＝8
⑨ 16－8＝8　⑩ 13－6＝7
⑪ 12－5＝7　⑫ 11－7＝4
⑬ 14－7＝7　⑭ 14－5＝9
⑮ 12－6＝6　⑯ 12－3＝9
⑰ 11－2＝9　⑱ 15－7＝8
⑲ 17－9＝8　⑳ 12－8＝4

P.38

⑬ ひきざん (13)

ひきざん ⑬

月　日　なまえ

① 17－8＝9　② 13－6＝7
③ 14－5＝9　④ 16－7＝9
⑤ 11－8＝3　⑥ 13－9＝4
⑦ 13－7＝6　⑧ 12－5＝7
⑨ 18－9＝9　⑩ 11－7＝4
⑪ 15－7＝8　⑫ 13－4＝9
⑬ 12－3＝9　⑭ 17－9＝8
⑮ 11－5＝6　⑯ 15－9＝6
⑰ 15－8＝7　⑱ 14－7＝7
⑲ 12－9＝3　⑳ 11－4＝7

⑬ ひきざん (14)

ひきざん ⑭

月　日　なまえ

① 15－6＝9　② 16－8＝8　③ 12－4＝8
④ 14－7＝7　⑤ 14－9＝5　⑥ 11－6＝5
⑦ 17－9＝8　⑧ 13－5＝8　⑨ 11－3＝8
⑩ 15－8＝7　⑪ 12－7＝5　⑫ 14－8＝6
⑬ 11－9＝2　⑭ 17－8＝9　⑮ 18－9＝9
⑯ 16－7＝9　⑰ 12－6＝6　⑱ 11－5＝6
⑲ 13－8＝5　⑳ 16－9＝7　㉑ 13－7＝6
㉒ 11－4＝7　㉓ 14－6＝8　㉔ 12－8＝4
㉕ 12－9＝3　㉖ 11－7＝4　㉗ 15－9＝6
㉘ 11－2＝9　㉙ 15－7＝8　㉚ 13－6＝7

P.39

⑬ ひきざん (15)

ひきざん ⑮

月　日　なまえ

① 14－8＝6　② 17－8＝9　③ 16－7＝9
④ 17－9＝8　⑤ 11－5＝6　⑥ 14－7＝7
⑦ 11－2＝9　⑧ 11－7＝4　⑨ 12－8＝4
⑩ 16－9＝7　⑪ 13－7＝6　⑫ 13－9＝4
⑬ 14－5＝9　⑭ 16－8＝8　⑮ 11－6＝5
⑯ 13－5＝8　⑰ 15－8＝7　⑱ 13－4＝9
⑲ 12－3＝9　⑳ 15－6＝9　㉑ 12－4＝8
㉒ 11－9＝2　㉓ 13－8＝5　㉔ 11－4＝7
㉕ 12－7＝5　㉖ 14－6＝8　㉗ 13－6＝7
㉘ 15－7＝8　㉙ 12－5＝7　㉚ 12－9＝3

⑬ ひきざん (16)

ひきざん ⑯

月　日　なまえ

① 11－7＝4　② 12－6＝6　③ 16－8＝8
④ 12－5＝7　⑤ 11－8＝3　⑥ 12－9＝3
⑦ 13－6＝7　⑧ 13－7＝6　⑨ 11－3＝8
⑩ 17－9＝8　⑪ 11－5＝6　⑫ 15－8＝7
⑬ 12－8＝4　⑭ 15－6＝9　⑮ 11－4＝7
⑯ 14－6＝8　⑰ 16－9＝7　⑱ 16－7＝9
⑲ 13－8＝5　⑳ 11－2＝9　㉑ 17－9＝8
㉒ 11－9＝2　㉓ 12－4＝8　㉔ 13－7＝6
㉕ 12－6＝6　㉖ 13－8＝5　㉗ 15－9＝6
㉘ 15－7＝8　㉙ 14－6＝8　㉚ 13－5＝8
㉛ 13－6＝7　㉜ 14－9＝5　㉝ 13－4＝9
㉞ 12－8＝4　㉟ 12－7＝5　㊱ 14－7＝7
㊲ 16－7＝9　㊳ 17－8＝9　㊴ 18－9＝9
㊵ 13－9＝4　㊶ 12－3＝9　㊷ 11－5＝6
㊸ 14－5＝9　㊹ 14－8＝6　㊺ 11－6＝5

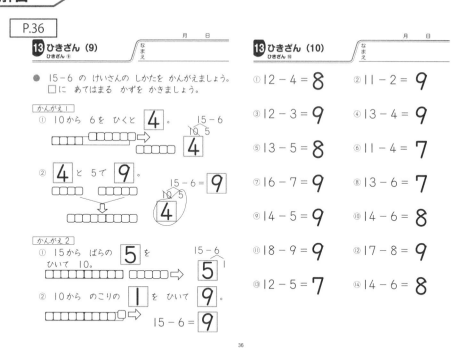

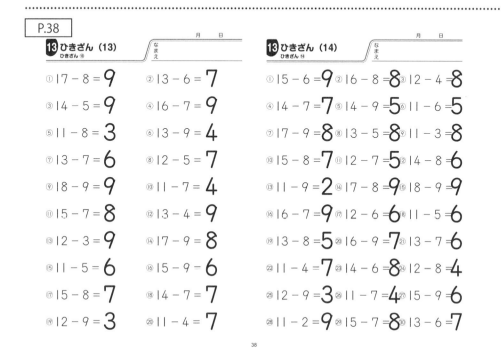

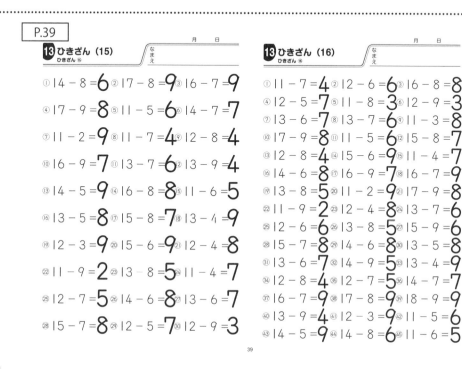

P.40

13 ひきざん（17）
ひきざん ⑰

月　日　なまえ

① 12 − 5 = 7	② 14 − 7 = 7	③ 11 − 2 = 9
④ 16 − 8 = 8	⑤ 13 − 4 = 9	⑥ 15 − 7 = 8
⑦ 11 − 3 = 8	⑧ 15 − 9 = 6	⑨ 13 − 9 = 4
⑩ 13 − 7 = 6	⑪ 12 − 4 = 8	⑫ 14 − 6 = 8
⑬ 14 − 8 = 6	⑭ 15 − 6 = 9	⑮ 11 − 7 = 4
⑯ 13 − 6 = 7	⑰ 11 − 9 = 2	⑱ 13 − 5 = 8
⑲ 15 − 8 = 7	⑳ 12 − 7 = 5	㉑ 14 − 9 = 5
㉒ 11 − 6 = 5	㉓ 13 − 8 = 5	㉔ 12 − 4 = 8
㉕ 12 − 8 = 4	㉖ 18 − 9 = 9	㉗ 17 − 8 = 9
㉘ 11 − 4 = 7	㉙ 11 − 8 = 3	㉚ 16 − 7 = 9
㉛ 14 − 7 = 7	㉜ 17 − 9 = 8	㉝ 12 − 6 = 6
㉞ 13 − 6 = 7	㉟ 14 − 5 = 9	㊱ 11 − 5 = 6
㊲ 12 − 7 = 5	㊳ 12 − 9 = 3	㊴ 16 − 7 = 9
㊵ 12 − 3 = 9	㊶ 11 − 4 = 7	㊷ 15 − 7 = 8
㊸ 16 − 9 = 7	㊹ 14 − 6 = 8	㊺ 13 − 7 = 6

13 ひきざん（18）
ひきざん ⑱

月　日　なまえ

1　ももが 12こ ありました。5こ たべました。
のこりは なんこですか。

しき 12 − 5 = 7

こたえ 7こ

2　ばすに 15にん のって います。そのうち
おとなは 9にんです。こどもは なんにんですか。

しき 15 − 9 = 6

こたえ 6にん

3　おねえさんの としは 14さいです。わたしの
としは 6さいです。おねえさんは なんさい
としうえですか。

しき 14 − 6 = 8

こたえ 8さい

P.41

13 ひきざん（19）
ひきざん ⑲

月　日　なまえ

1　たまごが 12こ ありました。ゆうごはんに 4こ
つかいました。たまごは なんこに なりましたか。

しき 12 − 4 = 8

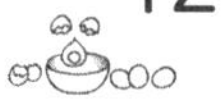

こたえ 8こ

2　おちゃが こっぷに 11ぱい あります。じゅうすが
こっぷに 9はい あります。
おちゃの ほうが なんばい おおいでしょうか。

しき 11 − 9 = 2

こたえ 2はい

3　きいろい ちょうと しろい ちょうが あわせて
11ぴき います。しろい ちょうが 5ひきです。
きいろい ちょうは なんびきですか。

しき 11 − 5 = 6

こたえ 6ぴき

13 ひきざん（20）
ひきざん ⑳

月　日　なまえ

1　ちゅうしゃじょうに とらっくが 13だい，ばすが
8だい とまって います。とらっくの ほうが
なんだい おおいでしょうか。

しき 13 − 8 = 5

こたえ 5だい

2　こざるが 13びき，おやざるが 7ひき います。
どちらが，なんびき おおいでしょうか。

しき 13 − 7 = 6

こたえ こざるが 6ぴき おおい。

3　ものがたりの ほんが 8さつ，えほんが 15さつ
あります。どちらが なんさつ おおいでしょうか。

しき 15 − 8 = 7

こたえ えほんが 7さつ おおい。

P.42

13 ひきざん（21）
ひきざん ㉑

月　日　なまえ

1　11にんで あそんで いました。5じに なったので，
4にん かえりました。のこって いるのは なんにん
ですか。

しき 11 − 4 = 7

こたえ 7にん

2　かあどを おにいさんは 17まい，おとうとは
9まい もって います。ちがいは なんまいですか。

しき 17 − 9 = 8

こたえ 8まい

3　なしの ぜりいと ももの ぜりいが あわせて 14こ
あります。なしの ぜりいが 8こです。ももの
ぜりいは なんこですか。

しき 14 − 8 = 6

こたえ 6こ

13 ひきざん（22）
かあど れんしゅう ①

月　日　なまえ

● こたえが おおきい ほうに ○を つけましょう。

①	13 − 8	○		13 − 9
②	12 − 6		○	14 − 7
③	14 − 6		○	13 − 4
④	13 − 5	○		15 − 8
⑤	11 − 4	○		13 − 7
⑥	11 − 9		○	12 − 8
⑦	14 − 9		○	11 − 5
⑧	12 − 9		○	11 − 7

P.43

13 ひきざん（23）
かあど れんしゅう ②

月　日　なまえ

● こたえが おなじに なる かあどを せんで
むすびましょう。

①

②

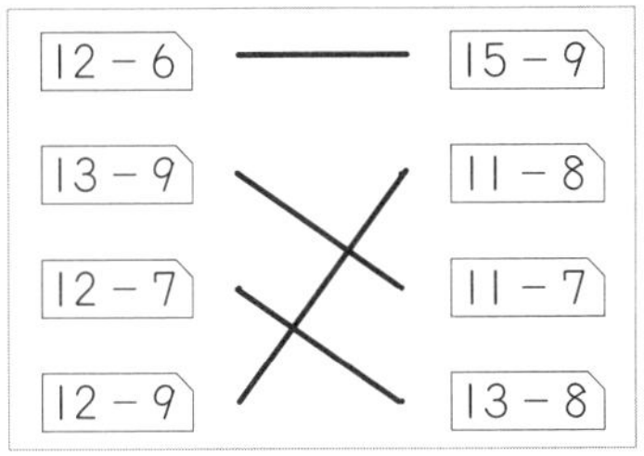

13 ひきざん（24）
かあど れんしゅう ③

月　日　なまえ

● こたえが おなじに なる かあどを したから
えらんで □ に かきましょう。

① 14 − 8 と おなじ こたえの かあど

11 − 5　12 − 6　13 − 7

② 16 − 9 と おなじ こたえの かあど

11 − 4　12 − 5　13 − 6　14 − 7

③ 16 − 8 と おなじ こたえの かあど

11 − 3　12 − 4　13 − 5　14 − 6
15 − 7

11 − 2					
11 − 3	12 − 3				
11 − 4	12 − 4	13 − 4			
11 − 5	12 − 5	13 − 5	14 − 5		
11 − 6	12 − 6	13 − 6	14 − 6	15 − 6	
11 − 7	12 − 7	13 − 7	14 − 7	15 − 7	16 − 7

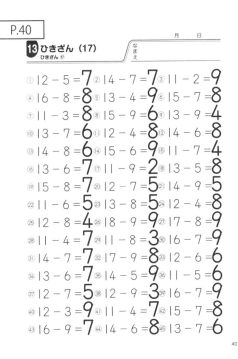

解答　児童に実施させる前に，必ず指導される方が問題を解いてください。本書の解答は，あくまでも１つの例です。指導される方の作られた解答をもとに，本書の解答例を参考に児童の多様な考えに寄り添って◯つけをお願いします。

P.44

13 ふりかえり・たしかめ (1)
ひきざん　　月　日　なまえ

1　17－9 の けいさんの しかたを かんがえます。
□に あてはまる かずを かきましょう。

① 7から 9は ひけません。
17を 10 と 7 に わけます。　（17－9：10 7）

② 10から 9を ひくと 1。　（17－9：10 7 → 1）

③ 1 と 7で 8。　（17－9＝8）

2　けいさんを しましょう。

① 11－8＝3	② 13－7＝6	③ 18－9＝9
④ 12－6＝6	⑤ 14－5＝9	⑥ 13－8＝5
⑦ 16－8＝8	⑧ 12－4＝8	⑨ 11－7＝4
⑩ 12－9＝3	⑪ 15－7＝8	⑫ 14－8＝6

44

13 ふりかえり・たしかめ (2)
ひきざん　　月　日　なまえ

1　15－8 の けいさんの しかたを かんがえます。
□に あてはまる かずを かきましょう。

① 5から 8は ひけません。
15を 10 と 5 に わけます。　（15－8：10 5）

② 10から 8を ひくと 2。　（15－8：10 5 → 2）

③ 2 と 5て 7。　（15－8＝7）

2　けいさんを しましょう。

① 13－9＝4	② 11－6＝5	③ 14－7＝7
④ 12－7＝5	⑤ 13－5＝8	⑥ 14－9＝5
⑦ 13－6＝7	⑧ 17－8＝9	⑨ 12－5＝7
⑩ 11－3＝8	⑪ 12－8＝4	⑫ 16－9＝7

P.45

13 ふりかえり・たしかめ (3)
ひきざん　　月　日　なまえ

1　さかなを 14ひき つりました。8ひき にがしました。
さかなは なんびきに なりましたか。

しき　14－8＝6
こたえ　6ぴき

2　とまとが きのうは 9こ，きょうは 13こ とれました。きょうの ほうが なんこ おおいでしょうか。

しき　13－9＝4
こたえ　4こ

3　ちゃいろい いぬと しろい いぬが あわせて 12ひき います。ちゃいろい いぬは 7ひきです。
しろい いぬは なんびきですか。

しき　12－7＝5
こたえ　5ひき

13 ふりかえり・たしかめ (4)
ひきざん　　月　日　なまえ

● つぎの こたえに なる しきを つくりましょう。
あ，いの かずは，それぞれ したの □ から えらんで かきましょう。（なんどでも つかえます。）

① あ－い＝6
10－4＝6　11－5＝6　12－6＝6
13－7＝6　14－8＝6　15－9＝6

② あ－い＝5
10－5＝5　11－6＝5　12－7＝5
13－8＝5　14－9＝5

③ あ－い＝4
10－6＝4　11－7＝4
12－8＝4　13－9＝4

あ　10，11，12，13，14，15
い　4，5，6，7，8，9

45

P.46

13 まとめのテスト
ひきざん　　月　日　なまえ

【知識・技能】
1　けいさんを しましょう。(5×10)

① 13－6＝7	② 14－9＝5
③ 11－4＝7	④ 16－8＝8
⑤ 14－7＝7	⑥ 12－3＝9
⑦ 12－8＝4	⑧ 18－9＝9
⑨ 11－5＝6	⑩ 15－7＝8

【思考・判断・表現】
2　おねえさんは 12さいで，おとうとは 7さいです。ちがいは なんさいですか。(5×2)

しき　12－7＝5
こたえ　5さい

3　おりがみが 16まい ありました。7まい つかいました。なんまい のこって いますか。(5×2)

しき　16－7＝9
こたえ　9まい

4　14にん あそんで います。8にんは ぼうしを かぶって います。ぼうしを かぶって いないのは なんにんですか。(5×2)

しき　14－8＝6
こたえ　6にん

5　13この けえきを 9にんが 1こずつ たべます。けえきは なんこ のこりますか。(5×2)

しき　13－9＝4
こたえ　4こ

6　かるたとりで ゆきさんは 9まい，たくとさんは 12まい とりました。どちらが なんまい おおいでしょうか。(5×2)

しき　12－9＝3
こたえ　たくとさんが 3まい おおい。

46

P.47

どんな けいさんに なるのかな？ (1)
月　日　なまえ

1　いけの なかに あひるが 8わ います。
5わ くると，みんなで なんわに なりますか。

しき　8＋5＝13
こたえ　13わ

2　にわとりが 7わ，ひよこが 14わ います。
どちらが なんわ おおいでしょうか。

しき　14－7＝7
こたえ　ひよこが 7わ おおい。

3　わたしは ぐみを 9こ，おとうとは 8こ たべました。あわせて なんこ たべましたか。

しき　9＋8＝17
こたえ　17こ

どんな けいさんに なるのかな？ (2)
月　日　なまえ

1　ばすに 18にん のって います。つぎの ばすていで 8にん おりました。ばすに のって いる ひとは，なんにんに なりましたか。

しき　18－8＝10
こたえ　10にん

2　ここなさんは 9がつに 7さつ，10がつに 6さつ ほんを よみました。あわせて なんさつに なりましたか。

しき　7＋6＝13
こたえ　13さつ

3　18ほんの くじが あります。あたりは 3ぼんです。
はずれは なんぼん ありますか。

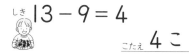

しき　18－3＝15
こたえ　15ほん

47

P.48

どんな けいさんに なるのかな？ (3)

月　日　なまえ

① なすが きのうは 11ぽん，きょうは 8ほん とれました。きのうの ほうが なんぼん おおいでしょうか。

しき $11-8=3$

こたえ 3ぼん

② ふうせんが あります。あかい ふうせんが 12こ，みずいろの ふうせんが 4こです。ふうせんは，ぜんぶで なんこですか。

しき $12+4=16$

こたえ 16こ

③ はなが 14ほん さいて いました。6ぽん かれて しまいました。まだ，さいて いる はなは なんぼんですか。

しき $14-6=8$

こたえ 8ほん

どんな けいさんに なるのかな？ (4)

月　日　なまえ

① しかくい つみきと まるい つみきが あわせて 15こ あります。しかくい つみきは 9こです。まるい つみきは なんこですか。

しき $15-9=6$

こたえ 6こ

② おねえさんは 11さいで，わたしは 6さいです。おねえさんは なんさい としうえですか。

しき $11-6=5$

こたえ 5さい

③ あさひさんは はんかちを 8まい もって います。おかあさんから 7まい もらいました。あさひさんの はんかちは なんまいに なりましたか。

しき $8+7=15$

こたえ 15まい

P.49

どんな けいさんに なるのかな？ (5)

月　日　なまえ

① えほんが 12さつ あります。6さつ よみました。まだ よんで いない えほんは なんさつですか。

しき $12-6=6$

こたえ 6さつ

② かきが 6こ あります。また，8こ とれました。かきは ぜんぶで なんこに なりますか。

しき $6+8=14$

こたえ 14こ

③ たまいれを すると，あかぐみは 9てん，しろぐみは 12てんでした。しろぐみの ほうが なんてん おおいでしょうか。

しき $12-9=3$

こたえ 3てん

どんな けいさんに なるのかな？ (6)

月　日　なまえ

① こうえんの すなばで あそんで いる ひとが 7にん，ゆうぐで あそんで いる ひとが 9にん います。あわせて なんにん いますか。

しき $7+9=16$

こたえ 16にん

② ねこが 7ひき，いぬが 11ぴき います。どちらが なんびき おおいでしょうか。

しき $11-7=4$

こたえ いぬが 4ひき おおい。

③ こうえんに おとなと こどもが あわせて 16にん います。おとなは 9にんです。こどもは なんにんですか。

しき $16-9=7$

こたえ 7にん

P.50

どんな けいさんに なるのかな？ (7)

月　日　なまえ

① ひろしさんは えんぴつを 8ほん もって います。6ぽん かって もらいました。ひろしさんの えんぴつは，なんぼんに なりましたか。

しき $8+6=14$

こたえ 14ほん

② えを みて，たしざんの おはなしを かきましょう。

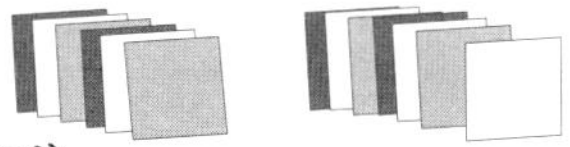

(例)
おりがみを 6まい もって います。
7まい もらいました。あわせて
なんまいに なりましたか。
(あわせて 13まいに なりました。)

どんな けいさんに なるのかな？ (8)

月　日　なまえ

① りんごが 15こ ありました。7こ たべました。りんごは なんこ のこって いますか。

しき $15-7=8$

こたえ 8こ

② えを みて，ひきざんの おはなしを かきましょう。

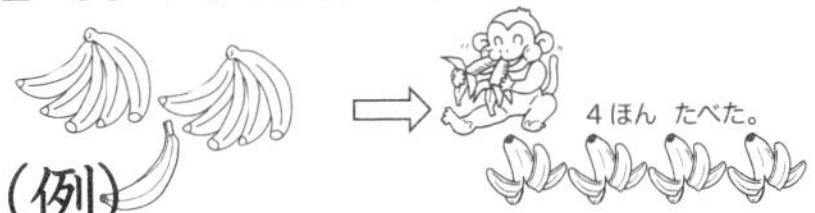
4ほん たべた。

(例)
ばななが 11ぽん ありました。
さるが 4ほん たべました。のこりは
なんぼんに なりましたか。
(のこりは 7ほんに なりました。)

P.51

どんな けいさんに なるのかな？ (9)

月　日　なまえ

① おんどりと めんどりが あわせて 13わ います。5わが おんどりです。めんどりは なんわですか。

しき $13-5=8$

こたえ 8わ

② えを みて，ひきざんの おはなしを かきましょう。

おす
めす

(例)
らいおんの おすと めすが
みんなで 13とう います。
おすは 4とうです。
めすは なんとう いますか。
(めすは 9とうです。)

どんな けいさんに なるのかな？ (10)

月　日　なまえ

① おにいさんは どんぐりを 17こ もって います。おとうとは 9こ もって います。おにいさんの どんぐりの ほうが なんこ おおいでしょうか。

しき $17-9=8$

こたえ 8こ

② えを みて，ひきざんの おはなしを かきましょう。

みゆさん
ゆうとさん

(例)
みゆさんは たこやきを 5こ もって
います。ゆうとさんは 11こ もって
います。ゆうとさんの ほうが なんこ
おおく もって いますか。
(ゆうとさんの ほうが 6こ おおく
もって います。)

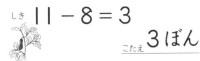

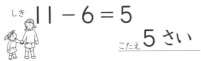

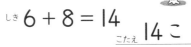

解答

児童に実施させる前に，必ず指導される方が問題を解いてください。本書の解答は，あくまでも１つの例です。指導される方の作られた解答をもとに，本書の解答例を参考に児童の多様な考えに寄り添って○つけをお願いします。

P.52

14 おおきい かず (1)
おおきい かずを かぞえよう ①

月 日　なまえ

● 10ずつ ⬭で かこんで，かずを かぞえましょう。
そして，□に あてはまる かずを かきましょう。

①

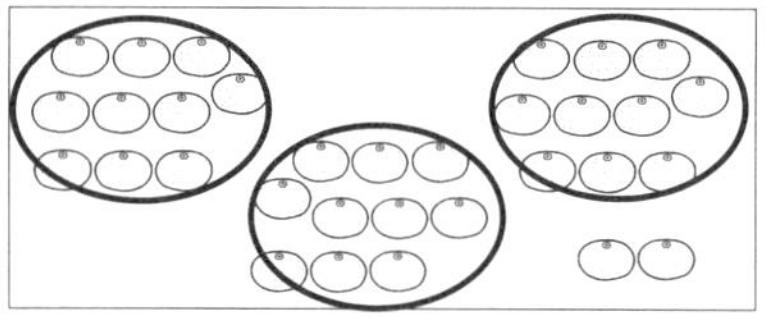

10が 3こで 30。30と 2で 32

②

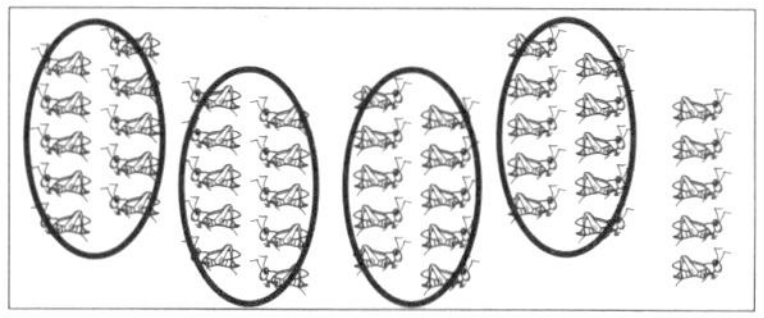

10が 4こで 40。40と 5で 45

14 おおきい かず (2)
おおきい かずを かぞえよう ②

月 日　なまえ

● 10ずつ ⬭で かこんで，かずを かぞえましょう。
そして，□に あてはまる かずを かきましょう。

①

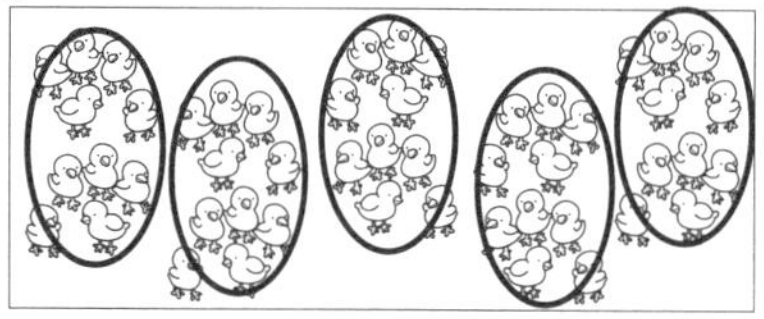

10が 5こで 50

②

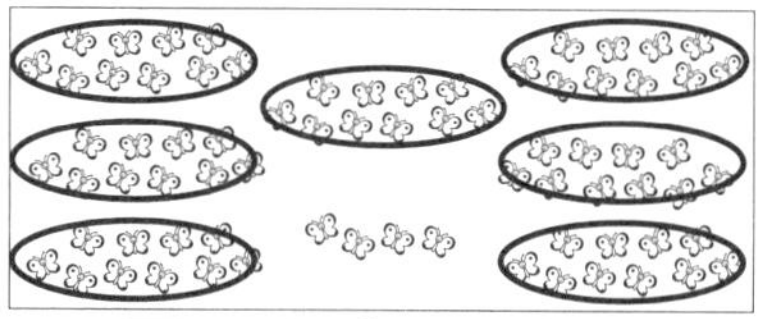

10が 7こで 70。70と 4で 74

52

P.53

14 おおきい かず (3)
おおきい かずを かぞえよう ③

月 日　なまえ

● 10ずつ ⬭で かこんで，かずを かぞえましょう。
そして，□に あてはまる かずを かきましょう。

①

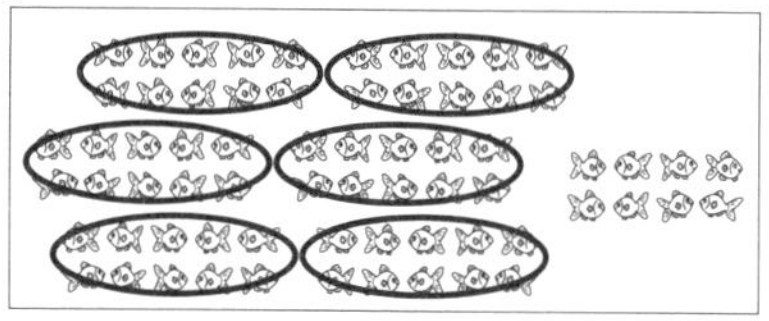

10が 6こで 60。60と 8で 68

②

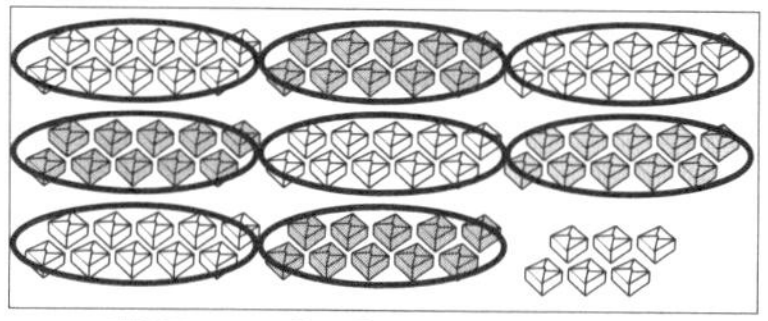

10が 8こで 80。80と 6で 86

14 おおきい かず (4)
おおきい かずを かぞえよう ④

月 日　なまえ

● ブロックの かずを，すうじで かきましょう。

①

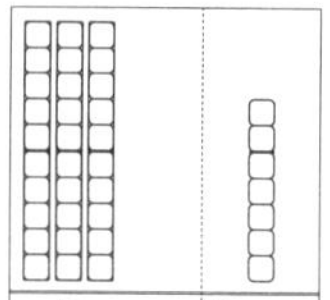

十《じゅう》のくらい	一《いち》のくらい
3	7

②

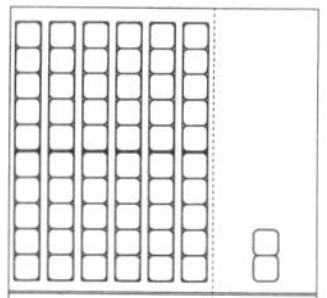

十のくらい	一のくらい
6	2

③

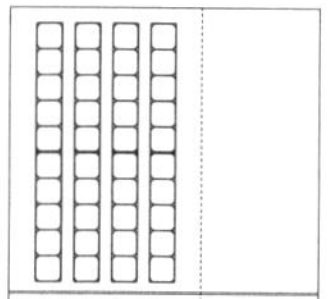

十のくらい	一のくらい
4	0

④

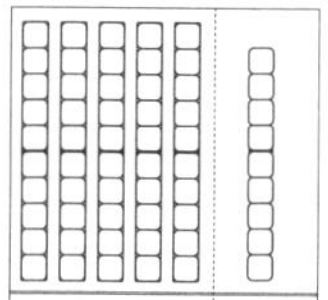

十のくらい	一のくらい
5	9

53

P.54

14 おおきい かず (5)
おおきい かずを かぞえよう ⑤

月 日　なまえ

● ブロックの かずを，すうじで かきましょう。

①

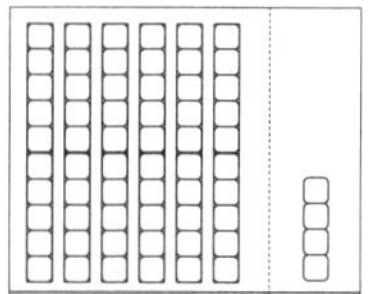

十《じゅう》のくらい	一《いち》のくらい
6	4

②

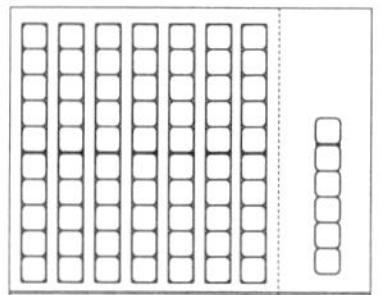

十のくらい	一のくらい
7	6

③

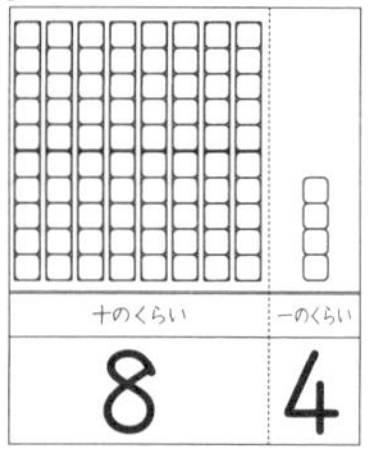

十のくらい	一のくらい
8	4

④

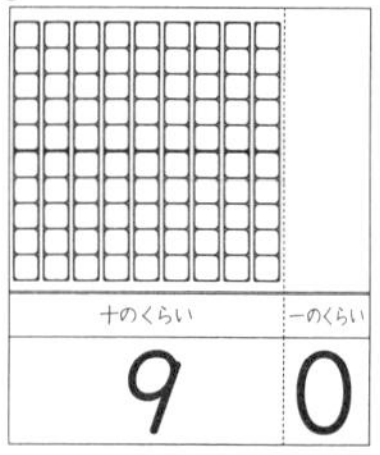

十のくらい	一のくらい
9	0

14 おおきい かず (6)
おおきい かずを かぞえよう ⑥

月 日　なまえ

● かずだけ ブロックを ぬりましょう。

① 35

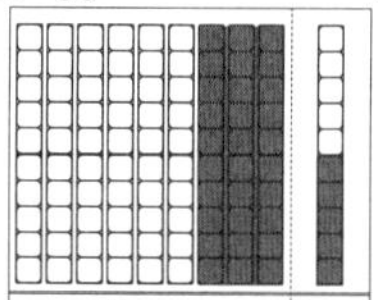

十《じゅう》のくらい　一《いち》のくらい

② 44

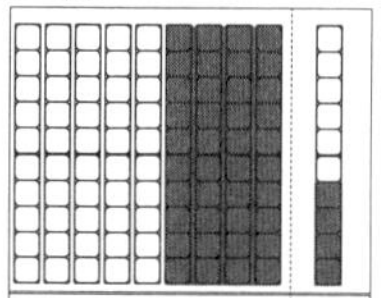

十のくらい　一のくらい

③ 62

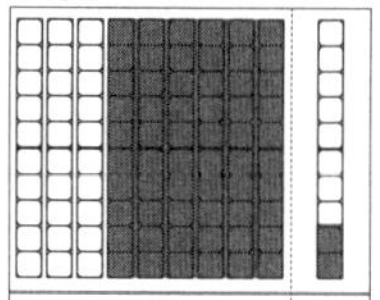

十のくらい　一のくらい

④ 80

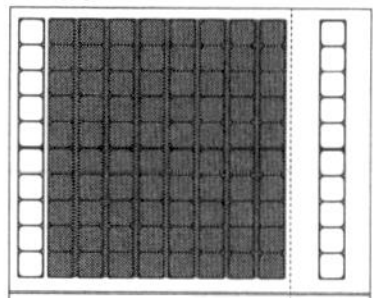

十のくらい　一のくらい

54

P.55

14 おおきい かず (7)
おおきい かずを かぞえよう ⑦

月 日　なまえ

● かずを かぞえて，□に かきましょう。

① たまご

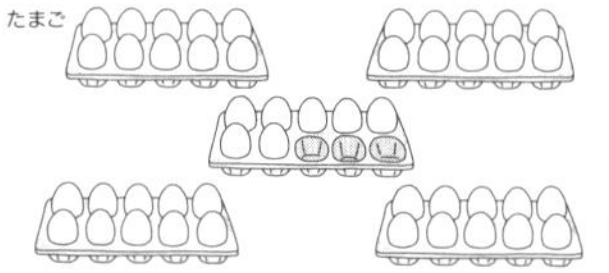

47

② クレヨン

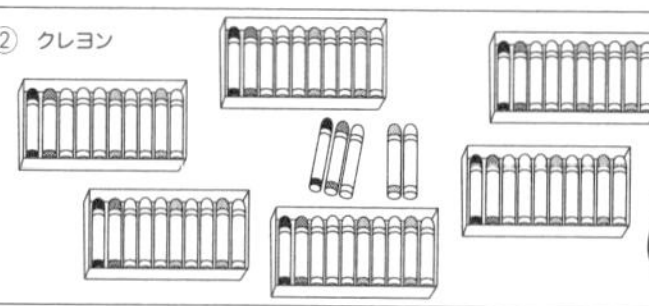

65

③ ドーナツ

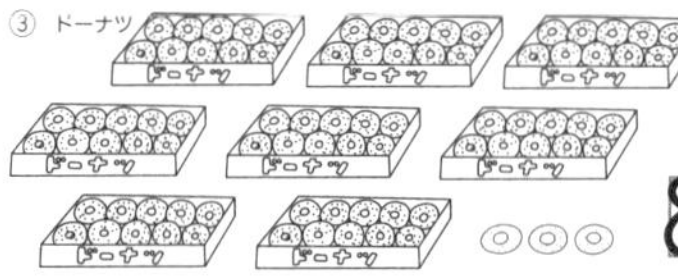

83

14 おおきい かず (8)
おおきい かずを かぞえよう ⑧

月 日　なまえ

● かずを かぞえて，□に かきましょう。

① かぞえぼう

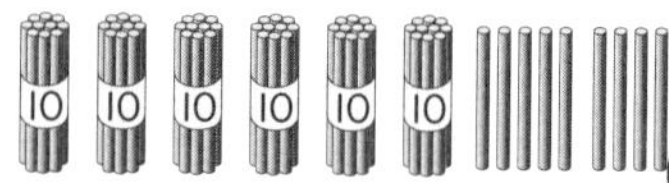

69

② おりがみ

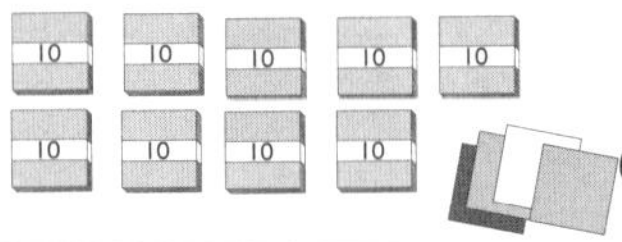

94

③ チョコレート

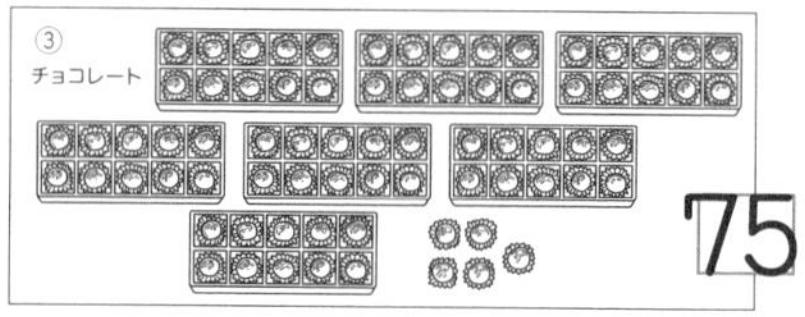

75

55

P.56

14 おおきい かず (9)

おおきい かずを かぞえよう ⑨

月　日　なまえ

● いすの かずを かぞえて，□に かきましょう。

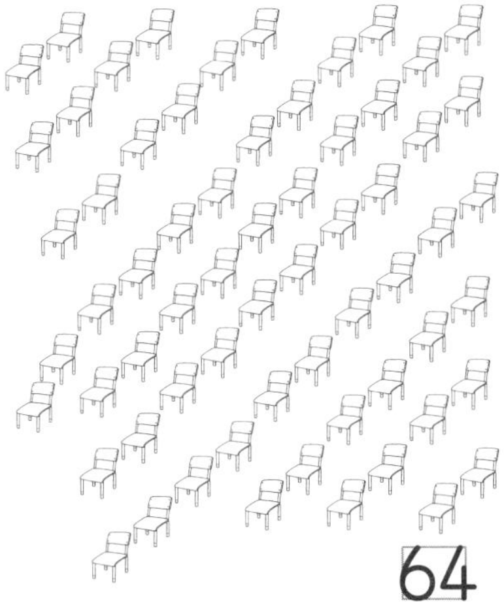

64

14 おおきい かず (10)

おおきい かずを かぞえよう ⑩

月　日　なまえ

● クローバーの かずを かぞえて，□に かきましょう。

77

P.57

14 おおきい かず (11)

おおきい かずを かぞえよう ⑪

月　日　なまえ

● □に あてはまる かずを かきましょう。

① 87は，十《じゅう》のくらいが 8 て，一《いち》のくらいが 7

② 52は，十のくらいが 5 て，一のくらいが 2

③ 10が 4こて 40，1が 3こて 3，40と 3て 43

④ 10が 9こて 90，1が 5こて 5，90と 5て 95

⑤ 58は，50と 8 を あわせた かずです。

⑥ 71は，70 と 1を あわせた かずです。

14 おおきい かず (12)

おおきい かずを かぞえよう ⑫

月　日　なまえ

● □に あてはまる かずを かきましょう。

① 10が 5こて 50，1が 6こて 6，50と 6て 56

② 10が 4こて 40

③ 10が 7こて 70

④ 55は，10が 5 こと 1が 5 こ

⑤ 72は，10が 7 こと 1が 2 こ

⑥ 98は，10が 9 こと 1が 8 こ

⑦ 60は，10が 6 こ

⑧ 90は，10が 9 こ

P.58

14 おおきい かず (13)

おおきい かずを かぞえよう ⑬

月　日　なまえ

● □に あてはまる かずを かきましょう。

① 十《じゅう》のくらいが 3，一《いち》のくらいが 9の かずは 39

② 十のくらいが 7，一のくらいが 3の かずは 73

③ 92の 十のくらいの すうじは 9，一の くらいの すうじは 2

④ 66の 十のくらいの すうじは 6，一の くらいの すうじも 6

⑤ 80の 十のくらいの すうじは 8，一の くらいの すうじは 0

14 おおきい かず (14)

おおきい かずを かぞえよう ⑭

月　日　なまえ

● □に あてはまる かずを かきましょう。

① 10が 8 こて 80，1が 5 こて 5，80と 5て 85

② 91は，十《じゅう》のくらいが 9 て，一《いち》のくらいが 1

③ 54 は，十のくらいが 5，一のくらいが 4

④ 78 は，70と 8を あわせた かずです。

⑤ 97 は，10が 9こと 1が 7こ

⑥ 50 は，10が 5こ

⑦ 十のくらいが 5，一のくらいが 7 の かずは 57

P.59

14 おおきい かず (15)

99より おおきい かず ①

月　日　なまえ

● どんぐりの かずを，10ずつ ◯で かこんで，かぞえましょう。そして，したの □に あてはまる かずを かきましょう。

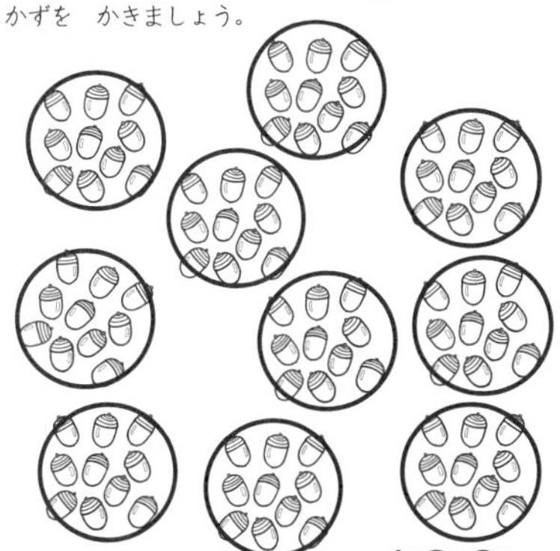

100 こ

10が 10 こて 百《ひゃく》です。
百は，100 と かきます。

14 おおきい かず (16)

99より おおきい かず ②

月　日　なまえ

● ブロックの かずを かぞえて，□に あてはまる かずを かきましょう。

①

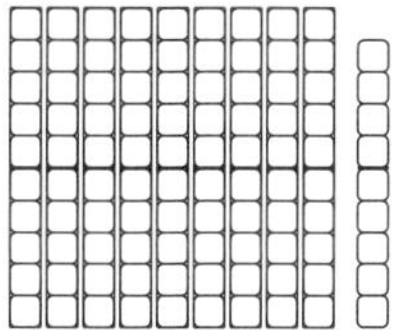

10が 9こて 90，
1が 9こて 9，
90と 9て 99

②

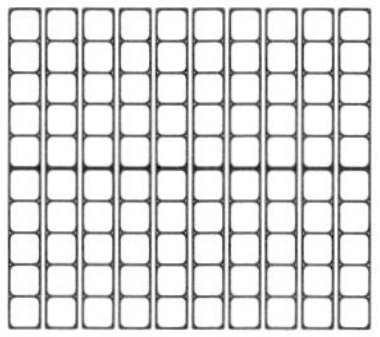

10が 10 こて，百《ひゃく》です。
百は，100 と かきます。

100は，99より 1 おおきい かずです。

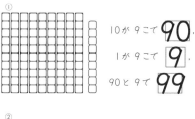

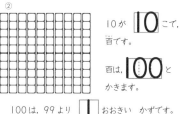

解答

児童に実施させる前に，必ず指導される方が問題を解いてください。本書の解答は，あくまでも１つの例です。指導される方の作られた解答をもとに，本書の解答例を参考に児童の多様な考えに寄り添って○つけをお願いします。

P.60

14 おおきい　かず（17）
99より　おおきい　かず ③

月　　日　なまえ

● かずを　かぞえて，□に　かきましょう。

①
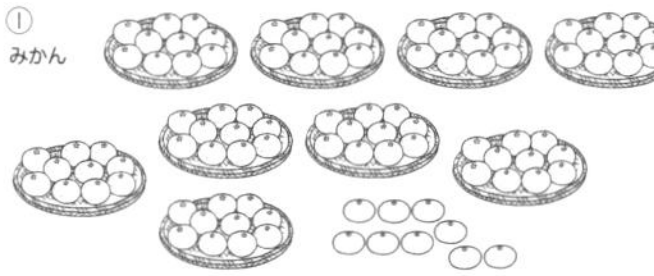
みかん
99

②
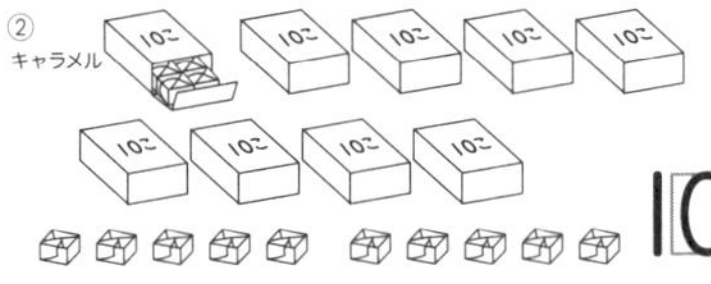
キャラメル
10こ
100

③
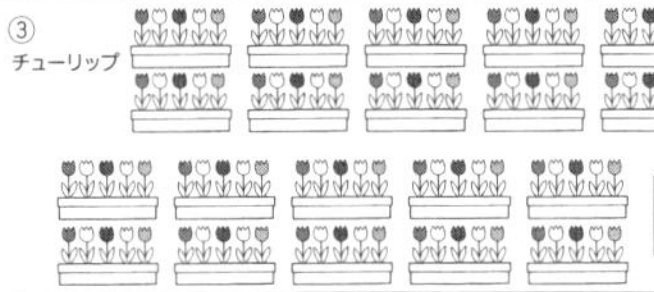
チューリップ
100

14 おおきい　かず（18）
かずの　ならびかた ①

月　　日　なまえ

● 100までの　かずが　ならんで　います。
□に　あてはまる　かずを　かきましょう。

0	1	2	3	4	5	6	7	8	9
10	11	12	13	14	15	16	17	18	19
20	21	22	23	24	25	26	27	28	29
30	31	32	33	34	35	36	37	38	39
40	41	42	43	44	45	46	47	48	49
50	51	52	53	54	55	56	57	58	59
60	61	62	63	64	65	66	67	68	69
70	71	72	73	74	75	76	77	78	79
80	81	82	83	84	85	86	87	88	89
90	91	92	93	94	95	96	97	98	99
100									

P.61

14 おおきい　かず（19）
かずの　ならびかた ②

月　　日　なまえ

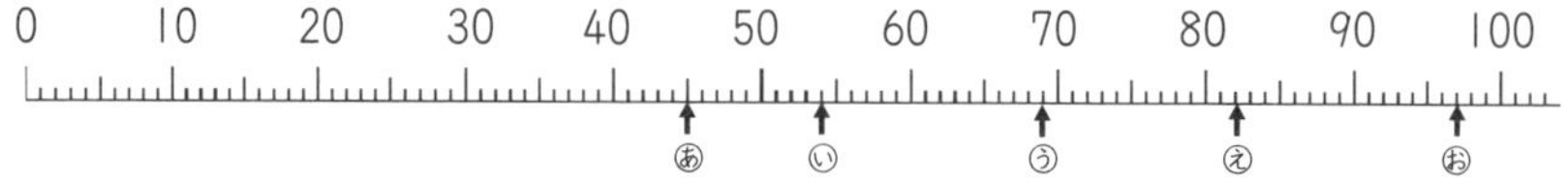
0
10
20
30
40
50
60
70
80
90
100
あ
い
う
え
お

1 かずの　せんを　みて，あ～おの　めもりが
あらわす　かずを　かきましょう。

あ 45　い 54　う 69
え 82　お 97

2 おおきい　ほうに　○を　つけましょう。

① (60)　58　② 67　(76)
③ (81)　79　④ 99　(100)

3 かずのせんを　つかって　しらべましょう。

① 53より　4　おおきい　かず　57
② 58より　3　ちいさい　かず　55
③ 61より　2　ちいさい　かず　59
④ 79より　4　おおきい　かず　83
⑤ 87より　5　おおきい　かず　92
⑥ 91より　3　ちいさい　かず　88

P.62

14 おおきい　かず（20）
かずの　ならびかた ③

月　　日　なまえ

● □に　あてはまる　かずを　かきましょう。

① 76－77－78－79－80－81－82－83
② 93－94－95－96－97－98－99－100
③ 72－71－70－69－68－67－66－65
④ 30－40－50－60－70－80－90－100
⑤ 100－99－98－97－96－95－94－93
⑥ 100－90－80－70－60－50－40－30

14 おおきい　かず（21）
100より　おおきい　かず ①

月　　日　なまえ

● かずを　かぞえましょう。（　　）には　ひらがなで，
□には　すうじで　かきましょう。

①
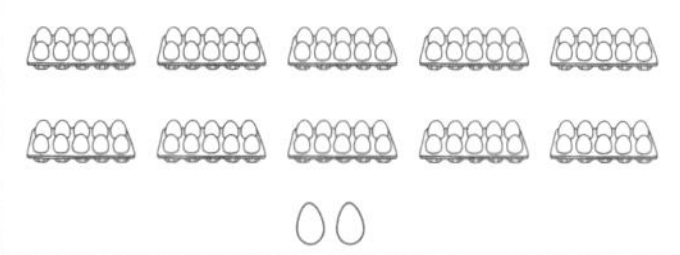

100　と　2こ（ひゃくに）
ひゃくには　102　と　かきます。

②
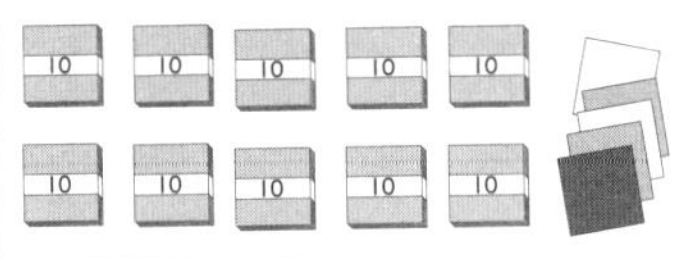
10

100　と　5こ（ひゃくご）
ひゃくごは　105　と　かきます。

P.63

14 おおきい　かず（22）
100より　おおきい　かず ②

月　　日　なまえ

● かずを　かぞえて，□に　かきましょう。

①
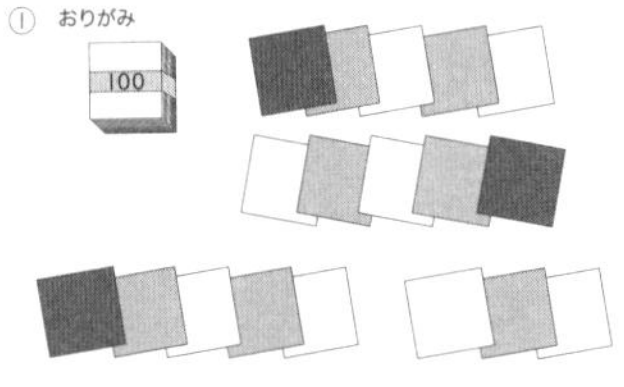
おりがみ
100
118

②
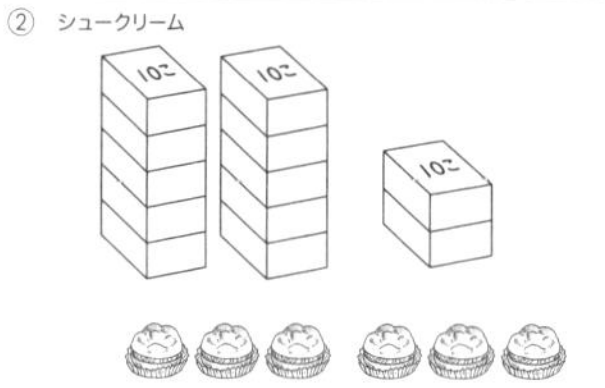
シュークリーム
10こ
126

14 おおきい　かず（23）
100より　おおきい　かず ③

月　　日　なまえ

● かずを　かぞえて，□に　かきましょう。

①
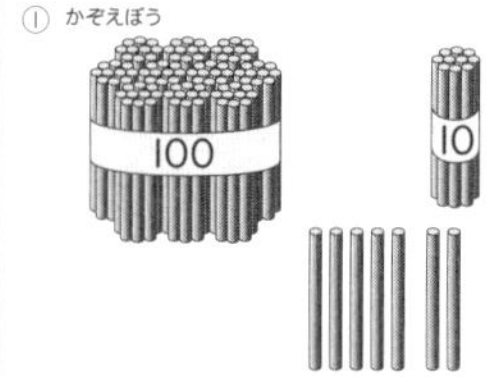
かぞえぼう
100
10
10
127

②
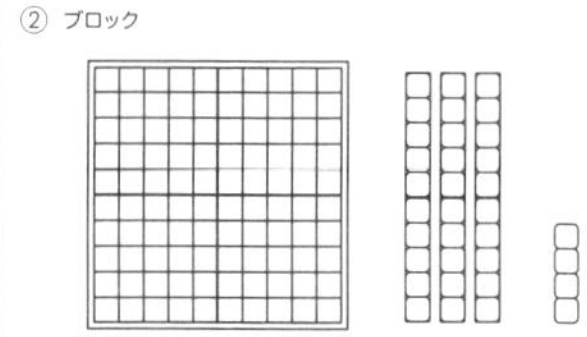
ブロック
134

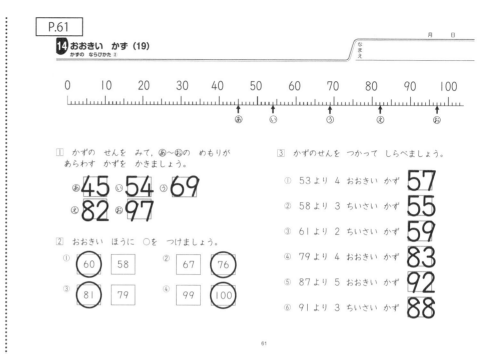

P.64

14 おおきい かず (24)
100より おおきい かず④

月 日 なまえ

● □に あてはまる かずを かきましょう。

① 97 － 98 － 99 － 100 － 101 － 102 － 103 － 104

② 105 － 106 － 107 － 108 － 109 － 110 － 111 － 112

③ 116 － 117 － 118 － 119 － 120 － 121 － 122 － 123

④ 60 － 70 － 80 － 90 － 100 － 110 － 120 － 130

⑤ 114 － 113 － 112 － 111 － 110 － 109 － 108 － 107

⑥ 123 － 122 － 121 － 120 － 119 － 118 － 117 － 116

14 おおきい かず (25)
100より おおきい かず⑤

月 日 なまえ

● □に あてはまる かずを かきましょう。

① 97 － 98 － 99 － 100 － 101 － 102 － 103 － 104

② 108 － 109 － 110 － 111 － 112 － 113 － 114 － 115

③ 118 － 119 － 120 － 121 － 122 － 123 － 124 － 125

④ 102 － 101 － 100 － 99 － 98 － 97 － 96 － 95

⑤ 113 － 112 － 111 － 110 － 109 － 108 － 107 － 106

⑥ 130 － 120 － 110 － 100 － 90 － 80 － 70 － 60

P.65

14 おおきい かず (26)
かずと しき①

月 日 なまえ

1 □に あてはまる かずを かきましょう。

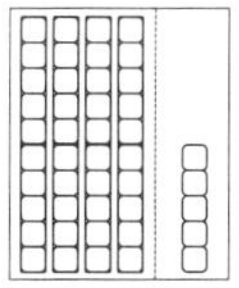

① 40と 5を あわせた かずは 45です。

しき 40 ＋ 5 ＝ 45

② 50に 7を たした かずは 57です。

しき 50 ＋ 7 ＝ 57

2 けいさんを しましょう。

① 70 ＋ 3 ＝ 73　② 30 ＋ 9 ＝ 39

③ 60 ＋ 4 ＝ 64　④ 80 ＋ 6 ＝ 86

⑤ 90 ＋ 8 ＝ 98　⑥ 40 ＋ 1 ＝ 41

14 おおきい かず (27)
かずと しき②

月 日 なまえ

1 □に あてはまる かずを かきましょう。

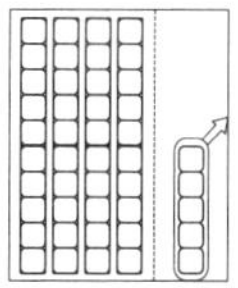

① 45から 5を とった かずは 40です。

しき 45 － 5 ＝ 40

② 57から 7を ひいた かずは 50です。

しき 57 － 7 ＝ 50

2 けいさんを しましょう。

① 72 － 2 ＝ 70　② 68 － 8 ＝ 60

③ 91 － 1 ＝ 90　④ 39 － 9 ＝ 30

⑤ 83 － 3 ＝ 80　⑥ 44 － 4 ＝ 40

P.66

14 おおきい かず (28)
かずと しき③

月 日 なまえ

1 36 ＋ 2の けいさんの しかたを かんがえます。
□に あてはまる かずを かきましょう。

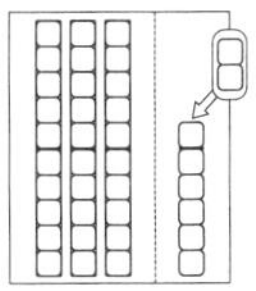

36は，30と 6に わけられます。

6 ＋ 2を します。

36 ＋ 2 ＝ 38

2 けいさんを しましょう。

① 42 ＋ 5 ＝ 47　② 54 ＋ 3 ＝ 57

③ 74 ＋ 4 ＝ 78　④ 92 ＋ 6 ＝ 98

⑤ 61 ＋ 3 ＝ 64　⑥ 82 ＋ 7 ＝ 89

14 おおきい かず (29)
かずと しき④

月 日 なまえ

1 39 － 2の けいさんの しかたを かんがえます。
□に あてはまる かずを かきましょう。

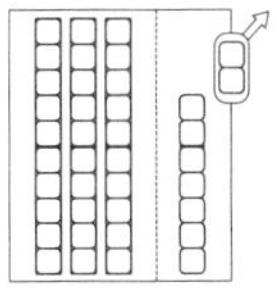

39は，30と 9に わけられます。

9 － 2を します。

39 － 2 ＝ 37

2 けいさんを しましょう。

① 87 － 5 ＝ 82　② 65 － 3 ＝ 62

③ 59 － 3 ＝ 56　④ 77 － 4 ＝ 73

⑤ 94 － 3 ＝ 91　⑥ 48 － 6 ＝ 42

P.67

14 おおきい かず (30)
かずと しき⑤

月 日 なまえ

1 あめが 40こと 20こ あります。
あめは，ぜんぶで なんこ ありますか。

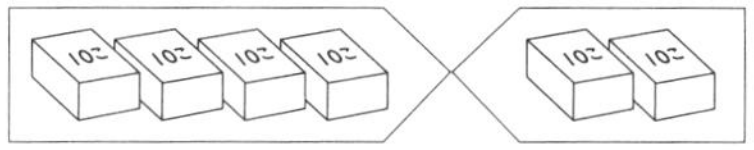

しき 40 ＋ 20 ＝ 60

こたえ 60こ

2 けいさんを しましょう。

① 20 ＋ 30 ＝ 50　② 50 ＋ 30 ＝ 80

③ 20 ＋ 70 ＝ 90　④ 30 ＋ 40 ＝ 70

⑤ 50 ＋ 50 ＝ 100　⑥ 60 ＋ 40 ＝ 100

⑦ 30 ＋ 70 ＝ 100　⑧ 20 ＋ 80 ＝ 100

14 おおきい かず (31)
かずと しき⑥

月 日 なまえ

1 あめが 60こ あります。
20こ たべると，のこりは なんこに なりますか。

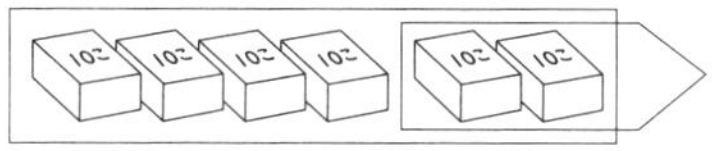

しき 60 － 20 ＝ 40

こたえ 40こ

2 けいさんを しましょう。

① 50 － 10 ＝ 40　② 70 － 50 ＝ 20

③ 90 － 40 ＝ 50　④ 80 － 40 ＝ 40

⑤ 100 － 30 ＝ 70　⑥ 100 － 50 ＝ 50

⑦ 100 － 60 ＝ 40　⑧ 100 － 90 ＝ 10

児童に実施させる前に，必ず指導される方が問題を解いてください。本書の解答は，あくまでも１つの例です。指導される方の作られた解答をもとに，本書の解答例を参考に児童の多様な考えに寄り添って○つけをお願いします。

P.68

14 ふりかえり・たしかめ (1)
おおきい かず

月　日　なまえ

● かずを かぞえて，□に かきましょう。

① はと

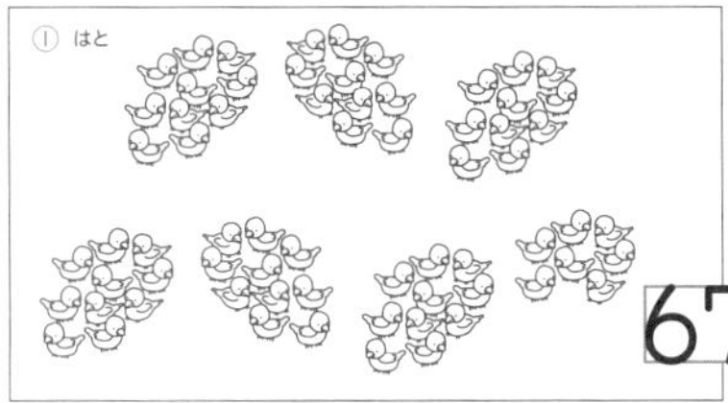

67

② クッキー

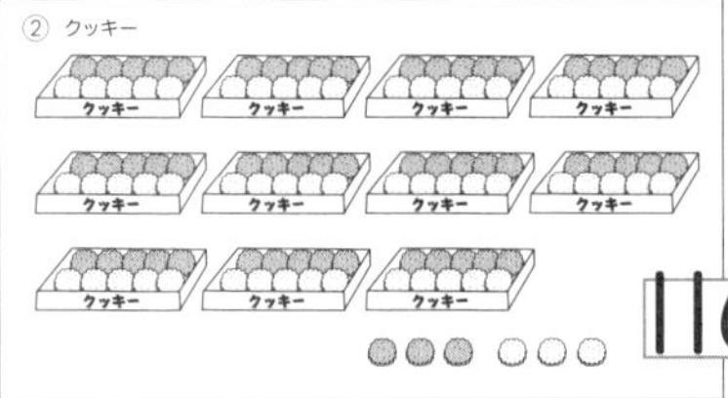

116

14 ふりかえり・たしかめ (2)
おおきい かず

月　日　なまえ

● ブロックの かずを，すうじで かきましょう。

① 78

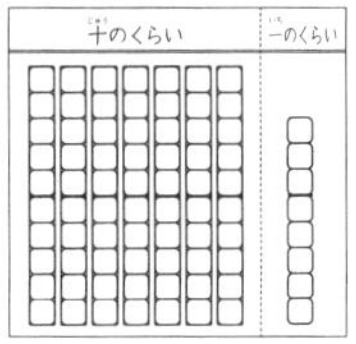

② 92

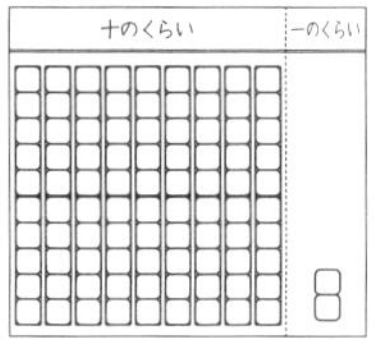

③ 105

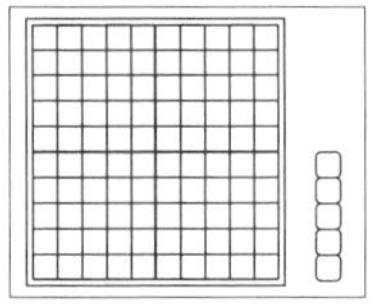

④ 112

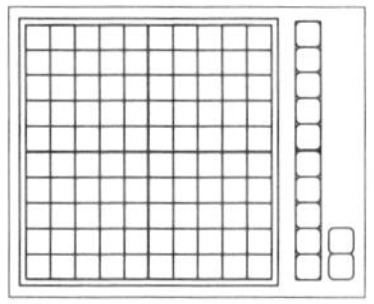

P.69

14 ふりかえり・たしかめ (3)
おおきい かず

月　日　なまえ

● □に あてはまる かずを かきましょう。

① 10が 4こで 40，1が 9こで 9，40と 9で 49

② 67は，十のくらいが 6，一のくらいが 7

③ 90は，十のくらいが 9，一のくらいが 0

④ 91は，十のくらいが 9，一のくらいが 1

⑤ 54は，10が 5こと，1が 4こ

⑥ 60は，10が 6こ

⑦ 100は，10が 10こ

⑧ 100と 5で 105

14 ふりかえり・たしかめ (4)
おおきい かず

月　日　なまえ

1 かずの せんを みて，あ〜おの めもりが あらわす かずを かきましょう。

40　50　60　70　80　90　100　110　120

あ 72　い 84　う 97　え 103　お 116

2 つぎの かずを □に かきましょう。

① 61より 3 おおきい かず 64

② 96より 4 ちいさい かず 92

③ 100より 7 おおきい かず 107

1の かずの せんを つかって かんがえよう。

P.70

14 ふりかえり・たしかめ (5)
おおきい かず

月　日　なまえ

1 あかい チューリップの はなが 30ぽん，きいろい チューリップの はなが 40ぽん さいて います。あわせると なんぼんに なりますか。

しき　30 + 40 = 70

こたえ　70 ぽん

2 けいさんを しましょう。

① 50 + 3 = 53　② 70 + 9 = 79

③ 80 + 20 = 100　④ 61 + 7 = 68

⑤ 60 + 8 = 68　⑥ 70 + 30 = 100

⑦ 34 + 5 = 39　⑧ 40 + 20 = 60

⑨ 30 + 60 = 90　⑩ 10 + 90 = 100

14 ふりかえり・たしかめ (6)
おおきい かず

月　日　なまえ

1 きれいな おちばを 45まい ひろいました。そのうち 5まいを ともだちに あげました。きれいな おちばは，なんまい のこって いますか。

しき　45 − 5 = 40

こたえ　40 まい

2 けいさんを しましょう。

① 70 − 20 = 50　② 78 − 6 = 72

③ 93 − 3 = 90　④ 87 − 4 = 83

⑤ 100 − 80 = 20　⑥ 100 − 40 = 60

⑦ 39 − 5 = 34　⑧ 66 − 6 = 60

⑨ 60 − 20 = 40　⑩ 100 − 10 = 90

P.71

14 まとめのテスト
おおきい かず

月　日　なまえ

【知識・技能】

1 かずを かぞえて，すうじで かきましょう。(10×2)

① 72

② 114

2 □に あてはまる かずを かきましょう。(5×2)

① 97 − 98 − 99 − 100 − 101

② 70 − 80 − 90 − 100 − 110

3 けいさんを しましょう。(5×4)

① 70 + 8 = 78

② 52 + 4 = 56

③ 88 − 5 = 83

④ 100 − 60 = 40

【思考・判断・表現】

4 □に あてはまる かずを かきましょう。(5×6)

① 十のくらいが 4，一のくらいが 1の かずは 41

② 90と 3を あわせた かずは 93

③ 10が 8こと 1が 5こで 85

④ 10が 7こで 70

⑤ 10が 10こで 100

⑥ 100と 8を あわせた かずは 108

5 かいがらを 50こ ひろいました。20こ おとうとに あげました。のこりは なんこに なりましたか。(10×2)

しき　50 − 20 = 30

こたえ　30 こ

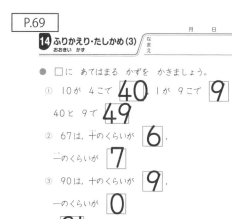

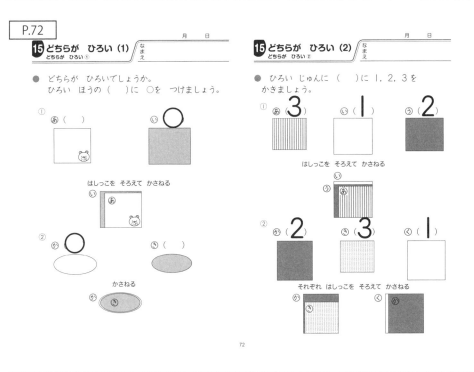

P.72

15 どちらが ひろい (1)

どちらが ひろい ①　月　日　なまえ

● どちらが ひろいでしょうか。
ひろい ほうの（　）に ○を つけましょう。

① あ（　）　い（○）

はしっこを そろえて かさねる

② か（○）　き（　）

かさねる

15 どちらが ひろい (2)

どちらが ひろい ②　月　日　なまえ

● ひろい じゅんに（　）に 1，2，3を かきましょう。

① あ（3）　い（1）　う（2）

はしっこを そろえて かさねる

② か（2）　き（3）　く（1）

それぞれ はしっこを そろえて かさねる

72

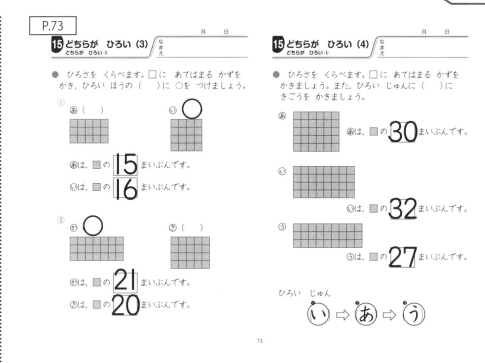

P.73

15 どちらが ひろい (3)

どちらが ひろい ③　月　日　なまえ

● ひろさを くらべます。□に あてはまる かずを かき，ひろい ほうの（　）に ○を つけましょう。

① あ（　）　い（○）

あは，■の 15 まいぶんです。

いは，■の 16 まいぶんです。

② か（○）　き（　）

かは，■の 21 まいぶんです。

きは，■の 20 まいぶんです。

15 どちらが ひろい (4)

どちらが ひろい ④　月　日　なまえ

● ひろさを くらべます。□に あてはまる かずを かきましょう。また，ひろい じゅんに（　）に きごうを かきましょう。

あは，■の 30 まいぶんです。

いは，■の 32 まいぶんです。

うは，■の 27 まいぶんです。

ひろい じゅん

い ⇨ あ ⇨ う

73

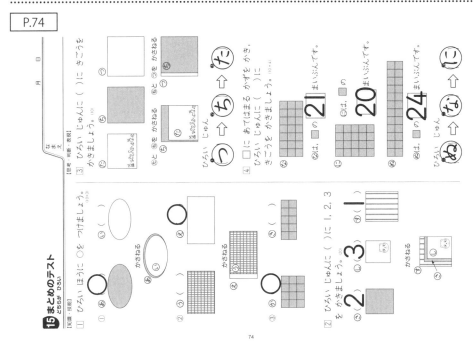

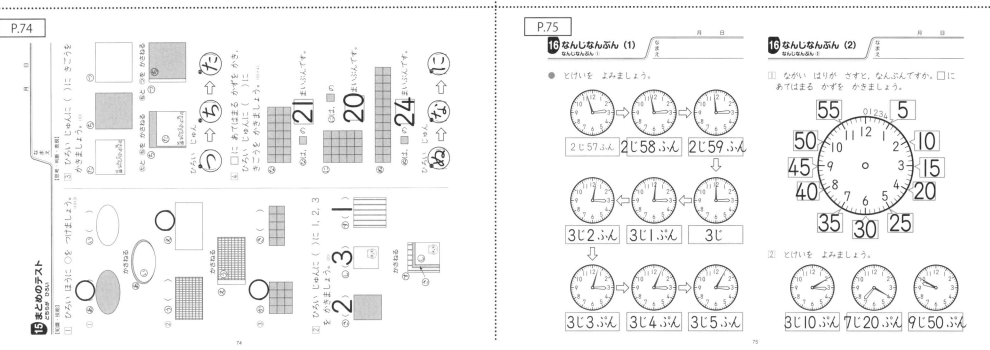

P.74

15 まとめのテスト

どちらが ひろい　月　日　なまえ

【知識・技能】

1 ひろい ほうに ○を つけましょう。(10×3)

① あ（○）　い（　）

かさねる

② う（　）　え（○）

かさねる

③ か（○）　き（　）

2 ひろい じゅんに（　）に 1，2，3 を かきましょう。(20)

さ（2）　し（3）　す（1）

かさねる

【思考・判断・表現】

3 ひろい じゅんに（　）に きごうを かきましょう。(10)

た　ち　つ

たと ちを かさねる　ちと つを かさねる

ひろい じゅん

つ ⇨ ち ⇨ た

4 □に あてはまる かずを かき，ひろい じゅんに（　）に きごうを かきましょう。(10×4)

なは，■の 21 まいぶんです。

には，■の 20 まいぶんです。

ぬは，■の 24 まいぶんです。

ひろい じゅん

ぬ ⇨ な ⇨ に

74

P.75

16 なんじなんぷん (1)

なんじなんぷん ①　月　日　なまえ

● とけいを よみましょう。

2じ57ふん → 2じ58ふん → 2じ59ふん → 3じ → 3じ1ぷん → 3じ2ふん → 3じ3ぷん → 3じ4ぷん → 3じ5ふん

16 なんじなんぷん (2)

なんじなんぷん ②　月　日　なまえ

1 ながい はりが さすと，なんぷんですか。□に あてはまる かずを かきましょう。

0 1 2 3 4　5　10　15　20　25　30　35　40　45　50　55

2 とけいを よみましょう。

3じ10ぷん　7じ20ぷん　9じ50ぷん

75

解答

児童に実施させる前に，必ず指導される方が問題を解いてください。本書の解答は，あくまでも１つの例です。指導される方の作られた解答をもとに，本書の解答例を参考に児童の多様な考えに寄り添って○つけをお願いします。

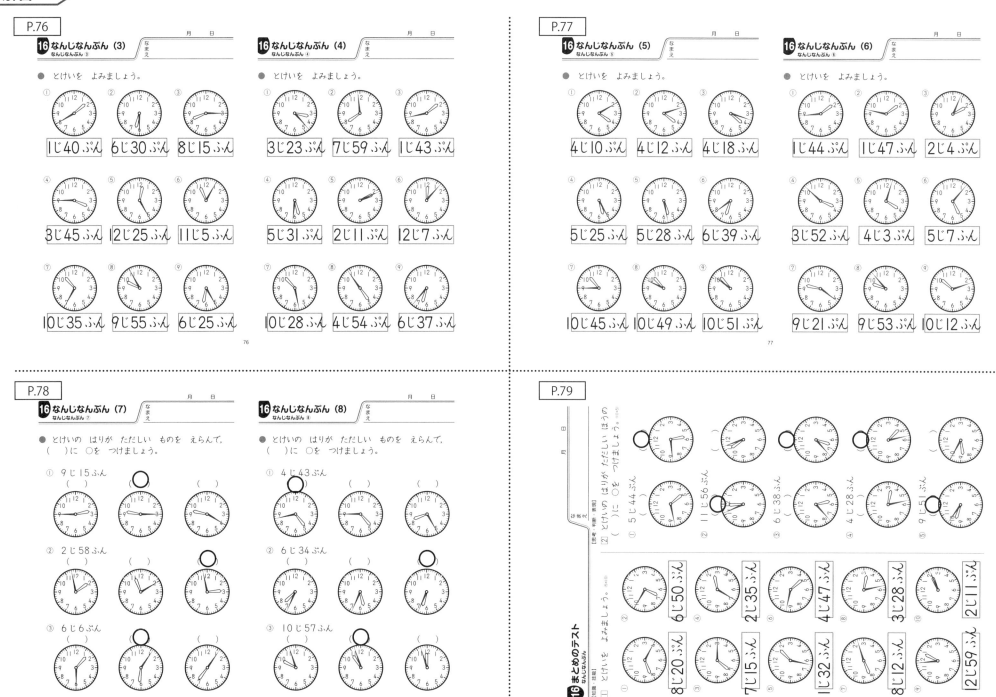

P.76

16 なんじなんぷん (3)
なんじなんぷん ③
月　日　なまえ

● とけいを　よみましょう。

① 1じ40ぷん　② 6じ30ぷん　③ 8じ15ぷん

④ 3じ45ぷん　⑤ 12じ25ぷん　⑥ 11じ5ぷん

⑦ 10じ35ぷん　⑧ 9じ55ぷん　⑨ 6じ25ぷん

16 なんじなんぷん (4)
なんじなんぷん ④
月　日　なまえ

● とけいを　よみましょう。

① 3じ23ぷん　② 7じ59ぷん　③ 1じ43ぷん

④ 5じ31ぷん　⑤ 2じ11ぷん　⑥ 12じ7ぷん

⑦ 10じ28ぷん　⑧ 4じ54ぷん　⑨ 6じ37ぷん

P.77

16 なんじなんぷん (5)
なんじなんぷん ⑤
月　日　なまえ

● とけいを　よみましょう。

① 4じ10ぷん　② 4じ12ぷん　③ 4じ18ぷん

④ 5じ25ぷん　⑤ 5じ28ぷん　⑥ 6じ39ぷん

⑦ 10じ45ぷん　⑧ 10じ49ぷん　⑨ 10じ51ぷん

16 なんじなんぷん (6)
なんじなんぷん ⑥
月　日　なまえ

● とけいを　よみましょう。

① 1じ44ぷん　② 1じ47ぷん　③ 2じ4ぷん

④ 3じ52ぷん　⑤ 4じ3ぷん　⑥ 5じ7ぷん

⑦ 9じ21ぷん　⑧ 9じ53ぷん　⑨ 10じ12ぷん

P.78

16 なんじなんぷん (7)
なんじなんぷん ⑦
月　日　なまえ

● とけいの　はりが　ただしい　ものを　えらんで，
(　　)に　○を　つけましょう。

① 9じ15ぷん
(　　)　(○)　(　　)

② 2じ58ぷん
(　　)　(　　)　(○)

③ 6じ6ぷん
(　　)　(○)　(　　)

16 なんじなんぷん (8)
なんじなんぷん ⑧
月　日　なまえ

● とけいの　はりが　ただしい　ものを　えらんで，
(　　)に　○を　つけましょう。

① 4じ43ぷん
(○)　(　　)　(　　)

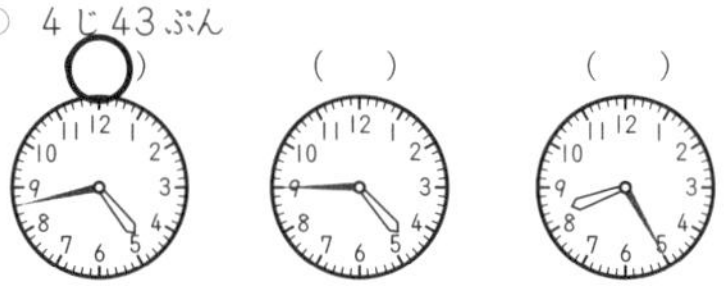

② 6じ34ぷん
(　　)　(　　)　(○)

③ 10じ57ぷん
(　　)　(○)　(　　)

P.79

16 まとめのテスト
なんじなんぷん
月　日　なまえ

[知識・技能]
1 とけいを　よみましょう。(5×10)

① 8じ20ぷん　② 6じ50ぷん　③ 7じ15ぷん　④ 2じ35ぷん　⑤ 1じ32ぷん　⑥ 4じ47ぷん　⑦ 8じ12ぷん　⑧ 3じ28ぷん　⑨ 12じ59ぷん　⑩ 2じ11ぷん

[思考・判断・表現]
2 とけいの　はりが　ただしい　ほうの
(　　)に　○を　つけましょう。(10×5)

① 5じ44ぷん　② 11じ56ぷん　③ 6じ38ぷん　④ 4じ28ぷん　⑤ 9じ51ぷん

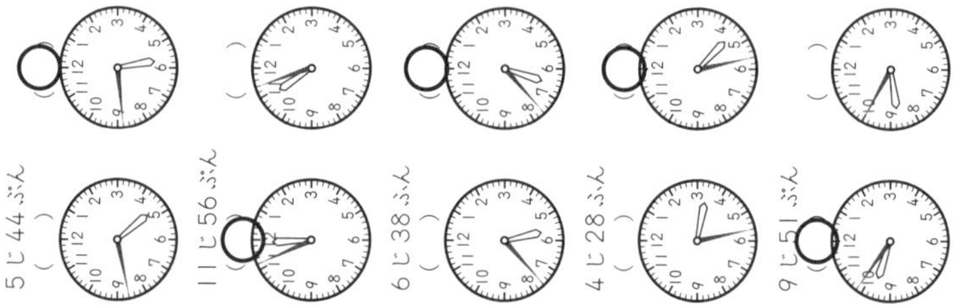

P.80

月　日

17 たしざんと ひきざん (1)
たしざんと ひきざん ①

なまえ

1 あやかさんは，まえから ４ばんめに います。
あやかさんの うしろに ７にん います。
みんなで なんにん いますか。

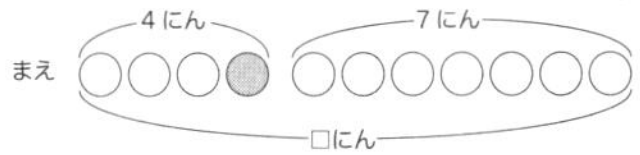

４にん
７にん
まえ
□にん

しき 4＋7＝11　こたえ 11にん

2 しゅんやさんは，まえから ６ばんめに います。
しゅんやさんの うしろに ８にん います。
みんなで なんにん いますか。

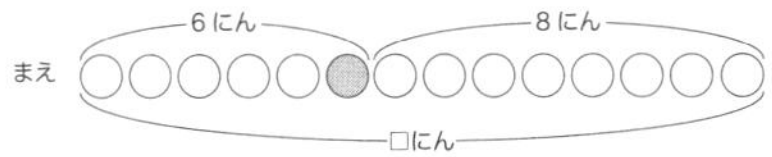

６にん
８にん
まえ
□にん

しき 6＋8＝14　こたえ 14にん

月　日

17 たしざんと ひきざん (2)
たしざんと ひきざん ②

なまえ

1 こどもが 15にん ならんで います。
ふみやさんは，まえから ９ばんめに います。
ふみやさんの うしろには，なんにん いますか。

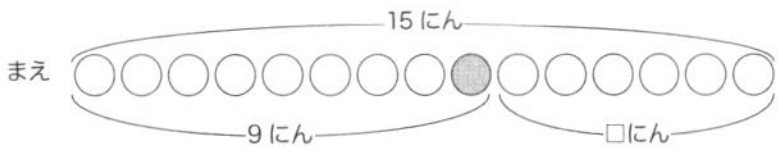

15にん
まえ
９にん
□にん

しき 15－9＝6　こたえ 6にん

2 16にん ならんで います。
りのさんは，まえから ３ばんめに います。
りのさんの うしろには，なんにん いますか。

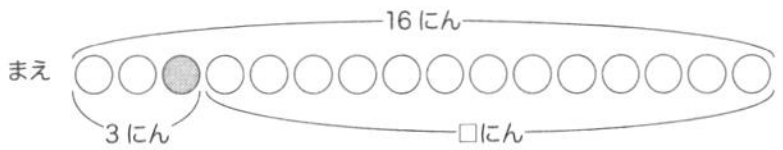

16にん
まえ
３にん
□にん

しき 16－3＝13　こたえ 13にん

P.81

月　日

17 たしざんと ひきざん (3)
たしざんと ひきざん ③

なまえ

1 ７にんが いすに すわって います。
いすは，あと ３きゃく あります。
いすは，ぜんぶで なんきゃく ありますか。

(7) にん
(3) きゃく
ひと
いす
□きゃく
( )に かずを かいてみましょう。

しき 7＋3＝10　こたえ 10きゃく

2 ６この ケーキを，１こずつ おさらに おきました。
おさらは，あと ５まい あります。
おさらは，ぜんぶで なんまい ありますか。

(6) こ
(5) まい
ケーキ
おさら
□まい
( )に かずを かいてみましょう。

しき 6＋5＝11　こたえ 11まい

月　日

17 たしざんと ひきざん (4)
たしざんと ひきざん ④

なまえ

1 コップ 10こに ジュースを いれました。
ストローは，７ほん あります。
ストローは，なんぼん たりませんか。

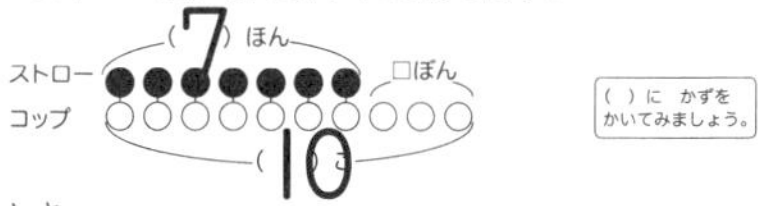

(7) ほん
□ぼん
ストロー
コップ
(10)
( )に かずを かいてみましょう。

しき 10－7＝3　こたえ 3ぼん

2 かさが ８ほん あります。
かさを かりに，12にん きました。
かさが かりられない ひとは，なんにん いますか。

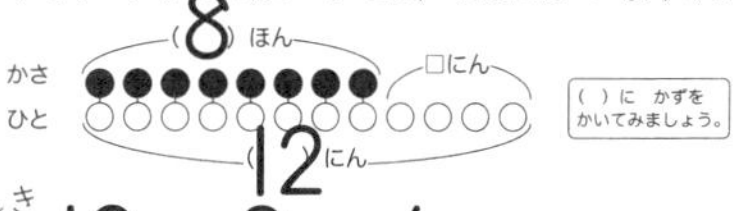

(8) ほん
□にん
かさ
ひと
(12) にん
( )に かずを かいてみましょう。

しき 12－8＝4　こたえ 4にん

P.82

月　日

17 たしざんと ひきざん (5)
おおい すくない ①

なまえ

1 コーラの びんが ８ほん あります。ソーダの びんは，コーラの びんより ５ほん おおいそうです。
ソーダの びんは，なんぼん ありますか。

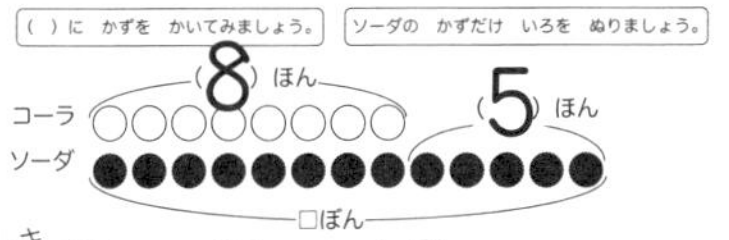

( )に かずを かいてみましょう。
ソーダの かずだけ いろを ぬりましょう。
(8) ほん
(5) ほん
コーラ
ソーダ
□ぼん

しき 8＋5＝13　こたえ 13ぼん

2 げんさんは，いちごを ９こ もらいました。めいさんは，げんさんより ３こ おおく もらいました。
めいさんが もらった いちごは なんこですか。

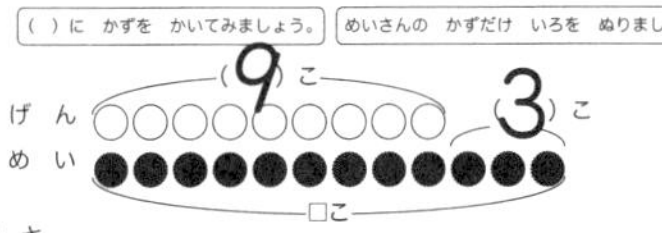

( )に かずを かいてみましょう。
めいさんの かずだけ いろを ぬりましょう。
(9) こ
(3) こ
げん
めい
□こ

しき 9＋3＝12　こたえ 12こ

月　日

17 たしざんと ひきざん (6)
おおい すくない ②

なまえ

1 おねえさんは，いろがみを 14まい もって います。
いもうとは，おねえさんより ８まい すくないそうです。
いもうとは いろがみを なんまい もって いますか。

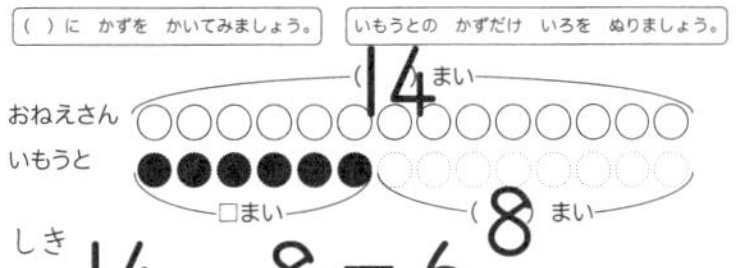

( )に かずを かいてみましょう。
いもうとの かずだけ いろを ぬりましょう。
(14) まい
おねえさん
いもうと
□まい
(8) まい

しき 14－8＝6　こたえ 6まい

2 はるとさんは，さかなを 11ぴき つりました。るいさんは，はるとさんより ４ひき すくなかったそうです。
るいさんは，さかなを なんびき つりましたか。

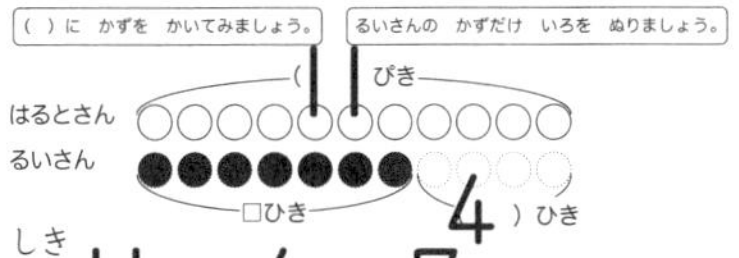

( )に かずを かいてみましょう。
るいさんの かずだけ いろを ぬりましょう。
(11) ぴき
はるとさん
るいさん
□ひき
(4) ひき

しき 11－4＝7　こたえ 7ひき

P.83

月　日

17 たしざんと ひきざん (7)
ずに かいて かんがえよう ①

なまえ

● こどもが しんたいそくていで ならんで います。
みゆさんの まえに ５にん います。
みゆさんの うしろに ３にん います。
ぜんぶで なんにん ならんで いますか。

① ずの つづきを かきましょう。

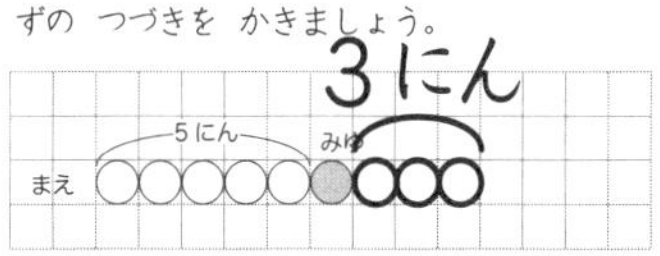

3にん
５にん
みゆ
まえ

② しきと こたえを かきましょう。

しき 5＋1＋3＝9

こたえ 9にん

月　日

17 たしざんと ひきざん (8)
ずに かいて かんがえよう ②

なまえ

● ラーメンやに ひとが ならんで います。
ごうさんの まえに ４にん ならんで います。
ごうさんの うしろに ６にん ならんで います。
ぜんぶで なんにん ならんで いますか。

① ずの つづきを かきましょう。

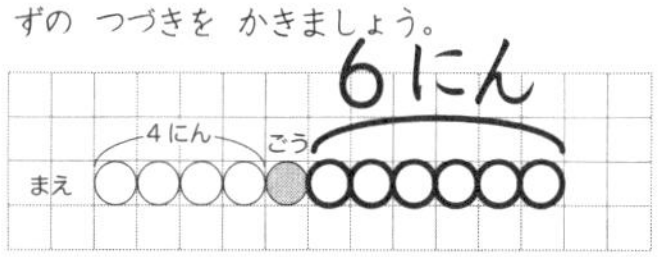

6にん
４にん
ごう
まえ

② しきと こたえを かきましょう。

しき 4＋1＋6＝11

こたえ 11にん

児童に実施させる前に，必ず指導される方が問題を解いてください。本書の解答は，あくまでも1つの例です。指導される方の作られた解答をもとに，本書の解答例を参考に児童の多様な考えに寄り添って○つけをお願いします。

P.84

17 ふりかえり・たしかめ (1)
たしざんと ひきざん

月　日　なまえ

1 ゆきさんは，まえから 7ばんめに ならんで います。ゆきさんの うしろには 5にん います。ぜんぶで なんにん ならんで いますか。

しき 7 + 5 = 12

こたえ 12にん

2 8にんが 1ぽんの のぼりぼうに ひとりずつ のぼって います。のぼりぼうは，あと 7ほん あいて います。のぼりぼうは，ぜんぶで なんぼん ありますか。

しき 8 + 7 = 15

こたえ 15ほん

3 まとあてゲームを して，あかぐみは 16てんでした。しろぐみは，あかぐみより 5てん すくなかったそうです。しろぐみは なんてんでしたか。

しき 16 − 5 = 11

こたえ 11てん

17 ふりかえり・たしかめ (2)
たしざんと ひきざん

月　日　なまえ

1 バスていに 14にん ならんで います。しょうたさんは，まえから 8ばんめに います。しょうたさんの うしろには なんにん ならんで いますか。

しき 14 − 8 = 6

こたえ 6にん

2 ジュースが 15ほん あります。8にんが 1ぽんずつ のみます。ジュースは，なんぼん あまりますか。

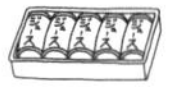

しき 15 − 8 = 7

こたえ 7ほん

3 さらさんは 6さいで，おねえさんは さらさんより 6さい としうえだそうです。おねえさんの としは なんさいですか。

しき 6 + 6 = 12

こたえ 12さい

P.85

17 まとめのテスト
たしざんと ひきざん

なまえ

【思考・判断・表現】

1 だいきさんは，まえから 7ばんめに ならんで います。だいきさんの うしろには 11にん います。みんなで なんにん ならんで いますか。(10×2)

しき 7 + 11 = 18

こたえ 18にん

2 28にんが ならんで います。みゆさんは，まえから 5ばんめです。みゆさんの うしろには なんにん いますか。(10×2)

しき 28 − 5 = 23

こたえ 23にん

3 15にんが いちりんしゃに のって あそぼうと しましたが，いちりんしゃは，9だいしか ありません。すぐに のれない ひとは なんにんですか。(10×2)

しき 15 − 9 = 6

こたえ 6にん

4 かりんさんと こたろうさんは，おりがみで はなを つくりました。かりんさんは 13こ つくりました。こたろうさんは かりんさんより 5こ すくなかったそうです。こたろうさんは なんこ つくりましたか。(10×2)

しき 13 − 5 = 8

こたえ 8こ

5 たまいれを あかぐみと しろぐみに わかれて しました。あかぐみは，9こ はいりました。しろぐみは，あかぐみより 6こ おおかったそうです。しろぐみは，なんこ はいりましたか。(10×2)

しき 9 + 6 = 15

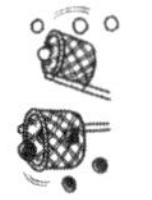

こたえ 15こ

P.86

18 かたちづくり (1)
かたちづくり①

月　日　なまえ

● あの いろいた 4まいで，したの かたちを つくりました。どのように ならべたのか わかるように せんを ひきましょう。

(例)

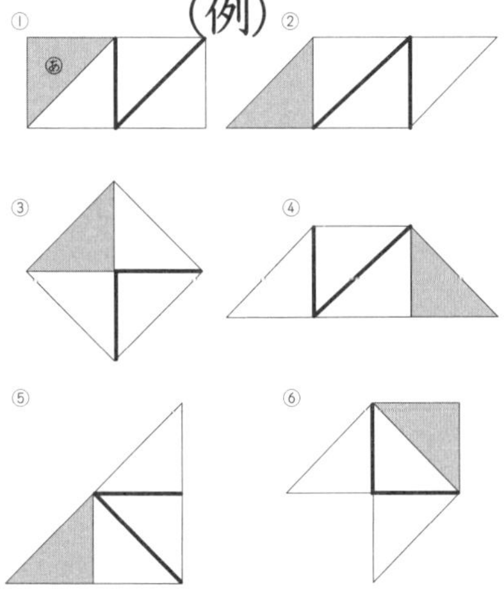

①
②
③
④
⑤
⑥

18 かたちづくり (2)
かたちづくり②

月　日　なまえ

● ◢を 1まいだけ うごかして，かたちを かえます。うごかした ◢を，れい の ように せんで かこみましょう。

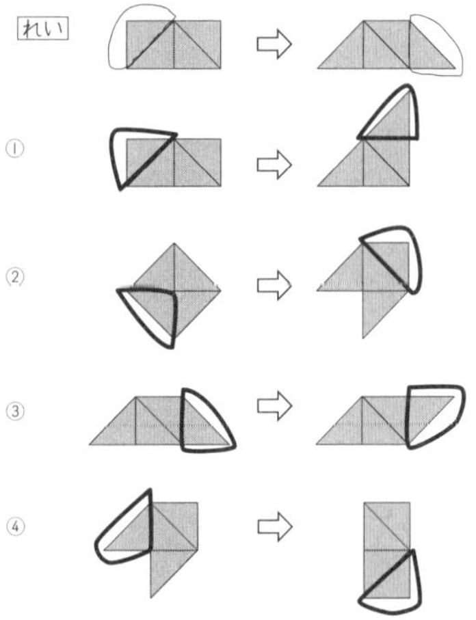

れい
①
②
③
④

P.87

18 かたちづくり (3)
かたちづくり③

月　日　なまえ

● したの かたちは，あの いろいた なんまいで できて いますか。

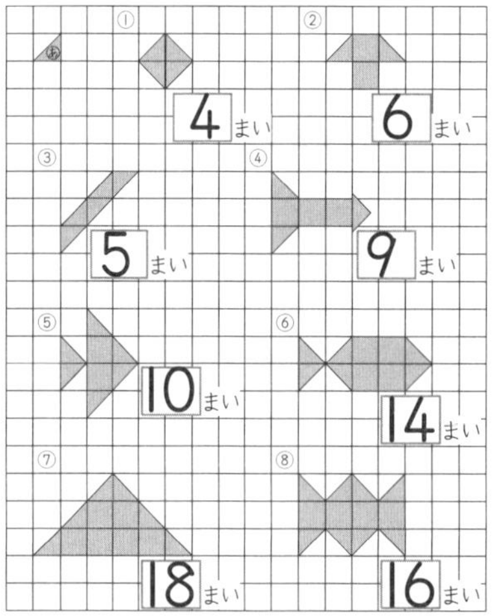

①
4 まい
②
6 まい
③
5 まい
④
9 まい
⑤
10 まい
⑥
14 まい
⑦
18 まい
⑧
16 まい

18 かたちづくり (4)
かたちづくり④

月　日　なまえ

● したの かたちは，かぞえぼう なんぼんで できて いますか。

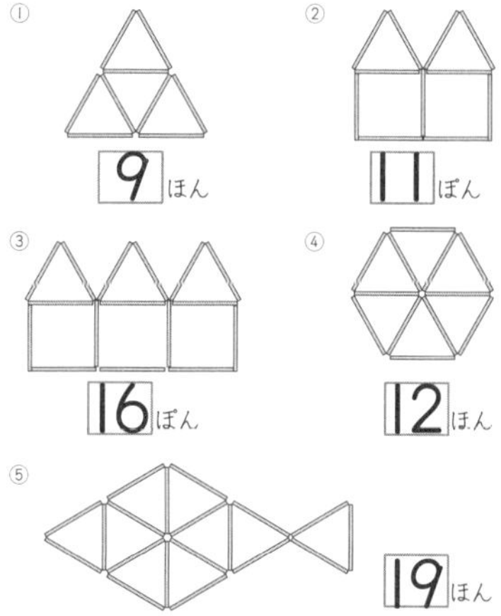

①
9 ほん
②
11 ぼん
③
16 ぽん
④
12 ほん
⑤
19 ほん

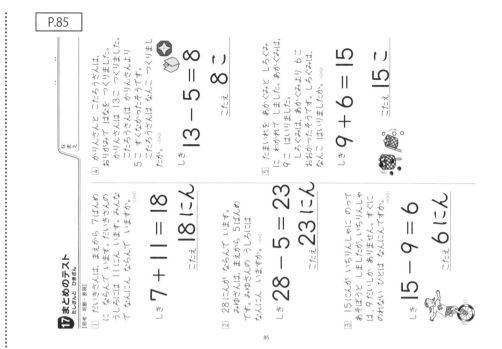

P.88

18 かたちづくり (5)

かたちづくり⑤

月　日　なまえ

● ・と ・を せんで つないで，ひだりの ずと おなじ ずを かきましょう。

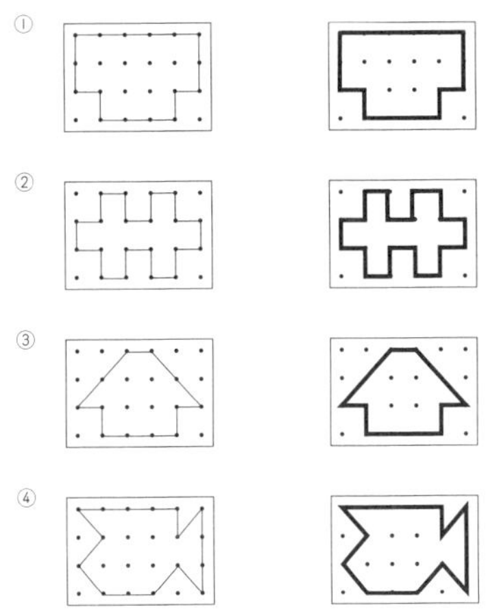

18 かたちづくり (6)

かたちづくり⑥

月　日　なまえ

● ・と ・を せんで つないで，ひだりの ずと おなじ ずを かきましょう。

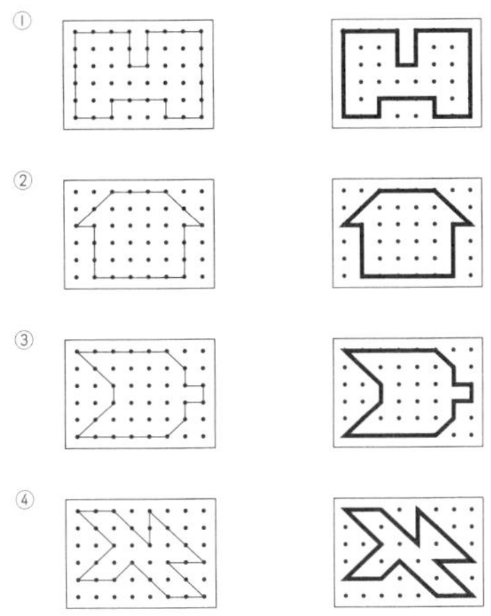

88

P.89

18 まとめのテスト

かたちづくり

なまえ

【知識・技能】

1 したの かたちは，Ⓐの いろいたが なんまいで できて いますか。(10×3)

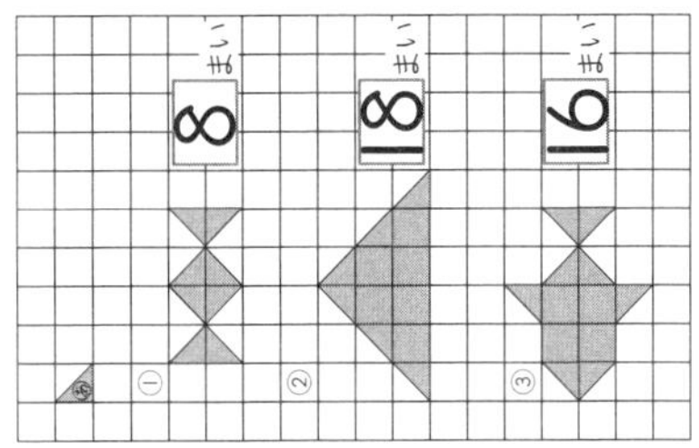

① 8 まい　② 18 まい　③ 16 まい

2 したの かたちは，かぞえぼうが なんぼんで できて いますか。(10×2)

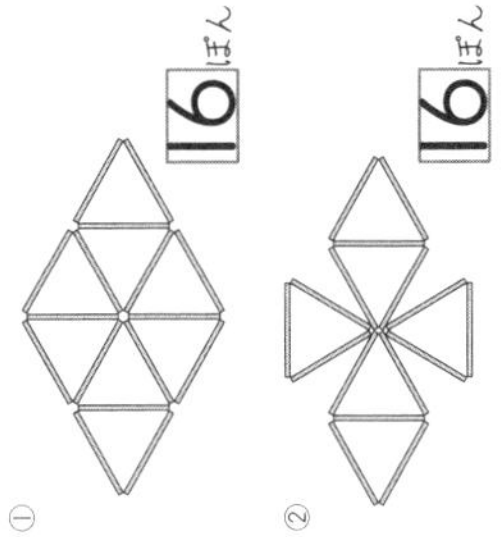

① 16 ぽん　② 16 ぽん

【思考・判断・表現】

3 ◣を 1 まいだけ うごかして，できた かたちを，したの あ〜おから えらんで □に かきましょう。(10×5)

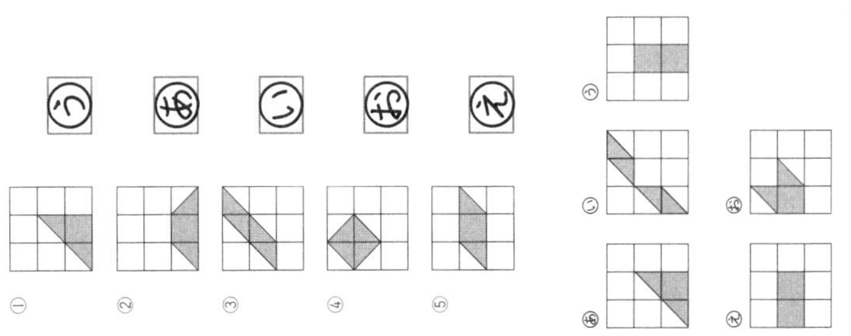

① う　② あ　③ い　④ お　⑤ え

89

P.90

1ねんの ふくしゅう(1)

月　日　なまえ

①4 + 3 = 7　②9 + 8 = 17
③6 + 5 = 11　④4 + 7 = 11
⑤8 + 7 = 15　⑥2 + 8 = 10
⑦4 + 9 = 13　⑧5 + 4 = 9
⑨9 + 2 = 11　⑩7 + 7 = 14
⑪6 + 6 = 12　⑫7 + 5 = 12
⑬10 + 4 = 14　⑭11 + 9 = 20
⑮12 + 6 = 18　⑯70 + 9 = 79
⑰73 + 5 = 78　⑱40 + 20 = 60
⑲60 + 40 = 100　⑳82 + 5 = 87

1ねんの ふくしゅう(2)

月　日　なまえ

①9 − 6 = 3　②11 − 4 = 7
③12 − 6 = 6　④10 − 7 = 3
⑤13 − 9 = 4　⑥12 − 3 = 9
⑦8 − 3 = 5　⑧18 − 4 = 14
⑨15 − 9 = 6　⑩14 − 8 = 6
⑪11 − 2 = 9　⑫12 − 5 = 7
⑬14 − 7 = 7　⑭18 − 6 = 12
⑮19 − 5 = 14　⑯17 − 4 = 13
⑰32 − 2 = 30　⑱97 − 3 = 94
⑲80 − 20 = 60　⑳100 − 80 = 20

90

P.91

1ねんの ふくしゅう(3)

月　日　なまえ

①9 + 8 = 17　②8 + 5 = 13　③7 + 4 = 11
④4 + 6 = 10　⑤6 + 7 = 13　⑥3 + 8 = 11
⑦2 + 8 = 10　⑧4 + 9 = 13　⑨20 + 70 = 90
⑩13 + 3 = 16　⑪3 + 6 = 9　⑫8 + 11 = 19
⑬8 + 9 = 17　⑭42 + 7 = 49　⑮9 + 50 = 59
⑯90 + 5 = 95　⑰4 + 8 = 12　⑱0 + 7 = 7
⑲8 + 8 = 16　⑳9 + 9 = 18　㉑5 + 5 = 10
㉒6 + 0 = 6　㉓4 + 52 = 56　㉔7 + 9 = 16
㉕3 + 84 = 87　㉖7 + 8 = 15　㉗80 + 20 = 100
㉘8 + 4 + 7 = 19　㉙9 + 6 + 3 = 18　㉚4 + 3 + 8 = 15

91

1ねんの ふくしゅう(4)

月　日　なまえ

①8 − 3 = 5　②10 − 2 = 8　③6 − 6 = 0
④14 − 9 = 5　⑤12 − 7 = 5　⑥11 − 3 = 8
⑦12 − 6 = 6　⑧7 − 3 = 4　⑨15 − 8 = 7
⑩19 − 5 = 14　⑪18 − 6 = 12　⑫10 − 7 = 3
⑬9 − 7 = 2　⑭12 − 4 = 8　⑮70 − 30 = 40
⑯11 − 2 = 9　⑰14 − 4 = 10　⑱90 − 90 = 0
⑲8 − 0 = 8　⑳12 − 5 = 7　㉑11 − 7 = 4
㉒75 − 3 = 72　㉓11 − 8 = 3　㉔100 − 50 = 50
㉕13 − 9 = 4　㉖67 − 7 = 60　㉗100 − 30 = 70
㉘16 − 6 − 5 = 5　㉙17−5−8 = 4　㉚18 − 9 − 3 = 6

91

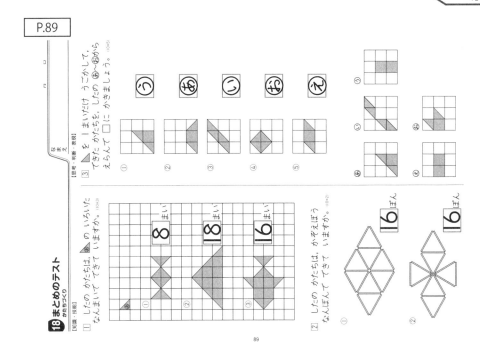

解答

児童に実施させる前に，必ず指導される方が問題を解いてください。本書の解答は，あくまでも１つの例です。指導される方の作られた解答をもとに，本書の解答例を参考に児童の多様な考えに寄り添って○つけをお願いします。

P.92

1ねんの　ふくしゅう(5)

月　日　なまえ

① 8 + 5 = 13	② 3 + 7 = 10	③ 5 + 7 = 12
④ 9 + 2 = 11	⑤ 6 + 9 = 15	⑥ 4 + 8 = 12
⑦ 4 + 5 = 9	⑧ 8 + 9 = 17	⑨ 60 + 7 = 67
⑩ 3 + 8 = 11	⑪ 9 + 3 = 12	⑫ 7 + 8 = 15
⑬ 6 + 6 = 12	⑭ 6 + 8 = 14	⑮ 4 + 7 = 11
⑯ 5 + 9 = 14	⑰ 3 + 6 = 9	⑱ 60 + 40 = 100
⑲ 8 + 4 = 12	⑳ 7 + 7 = 14	㉑ 9 + 5 = 14
㉒ 27 + 2 = 29	㉓ 0 + 6 = 6	㉔ 5 + 6 = 11
㉕ 2 + 8 = 10	㉖ 9 + 6 = 15	㉗ 10 + 0 = 10
㉘ 9 + 7 = 16	㉙ 6 + 5 = 11	㉚ 62 + 7 = 69
㉛ 50 + 5 = 55	㉜ 8 + 7 = 15	㉝ 0 + 0 = 0
㉞ 10 + 4 = 14	㉟ 7 + 6 = 13	㊱ 10 + 90 = 100
㊲ 7 + 5 = 12	㊳ 93 + 6 = 99	㊴ 13 + 5 = 18
㊵ 8 + 8 = 16	㊶ 40 + 30 = 70	㊷ 20 + 70 = 90
㊸ 7 + 3 + 4 = 14	㊹ 8 + 6 + 2 = 16	㊺ 9 + 4 + 5 = 18

1ねんの　ふくしゅう(6)

月　日　なまえ

① 13 − 9 = 4	② 10 − 2 = 8	③ 14 − 8 = 6
④ 13 − 7 = 6	⑤ 9 − 6 = 3	⑥ 6 − 2 = 4
⑦ 5 − 3 = 2	⑧ 11 − 8 = 3	⑨ 19 − 3 = 16
⑩ 17 − 5 = 12	⑪ 11 − 5 = 6	⑫ 16 − 9 = 7
⑬ 15 − 9 = 6	⑭ 5 − 0 = 5	⑮ 12 − 8 = 4
⑯ 7 − 4 = 3	⑰ 63 − 3 = 60	⑱ 15 − 3 = 12
⑲ 90 − 70 = 20	⑳ 14 − 6 = 8	㉑ 48 − 6 = 42
㉒ 6 − 6 = 0	㉓ 12 − 7 = 5	㉔ 19 − 9 = 10
㉕ 15 − 3 = 12	㉖ 8 − 4 = 4	㉗ 92 − 2 = 90
㉘ 12 − 6 = 6	㉙ 11 − 9 = 2	㉚ 0 − 0 = 0
㉛ 18 − 6 = 12	㉜ 60 − 30 = 30	㉝ 16 − 7 = 9
㉞ 11 − 4 = 7	㉟ 17 − 7 = 10	㊱ 100 − 20 = 80
㊲ 67 − 5 = 62	㊳ 14 − 7 = 7	㊴ 17 − 4 = 13
㊵ 11 − 2 = 9	㊶ 12 − 4 = 8	㊷ 100 − 70 = 30
㊸ 12 − 2 − 6 = 4	㊹ 11 − 6 − 4 = 1	㊺ 15 − 8 − 2 = 5

P.93

1ねんの　ふくしゅう(7)

月　日　なまえ

1　えんぴつが　えんぴつたてに　8ほん，ふでばこに　7ほん　あります。えんぴつは　あわせて　なんぼん　ありますか。

しき　$8 + 7 = 15$

こたえ　15ほん

2　ともきさんは，かいがらを　9こ　ひろいました。みなみさんは，11こ　ひろいました。どちらが　なんこ　おおいでしょうか。

しき　$11 - 9 = 2$

こたえ　みなみさんが　2こ　おおい。

3　たまいれを　しました。　あかぐみは，31こ　はいりました。しろぐみは，あかぐみより　8こ　おおかったそうです。しろぐみは，なんこ　はいりましたか。

しき　$31 + 8 = 39$

こたえ　39こ

1ねんの　ふくしゅう(8)

月　日　なまえ

1　ひつじと　やぎが　あわせて　14とう　います。そのうち　6とうは　ひつじです。やぎは　なんとう　いますか。

しき　$14 - 6 = 8$

こたえ　8とう

2　はやとさんは，どんぐりを　25こ　ひろいました。ひなたさんは，はやとさんより　5こ　すくなかったそうです。ひなたさんは　なんこ　ひろいましたか。

しき　$25 - 5 = 20$

こたえ　20こ

3　おりがみを　40まい　もって　います。20まい　もらいました。おりがみは，ぜんぶで　なんまいに　なりましたか。

しき　$40 + 20 = 60$

こたえ　60まい

P.94

1ねんの　ふくしゅう(9)

月　日　なまえ

1　いちごを　あさに　7こ，ひるに　5こ，よるに　6こ　たべました。あわせて　なんこ　たべましたか。

しき　$7 + 5 + 6 = 18$

こたえ　18こ

2　バスに　13にん　のって　いました。つぎの　バスていで　6にん　おりて，8にん　のりました。バスに　のって　いる　ひとは，なんにんに　なりましたか。

しき　$13 - 6 + 8 = 15$

こたえ　15にん

3　おりがみを　17まい　もって　いました。5まい　つかって，4まい　いもうとに　あげました。おりがみは，なんまいに　なりましたか。

しき　$17 - 5 - 4 = 8$

こたえ　8まい

1ねんの　ふくしゅう(10)

月　日　なまえ

1　ひもが　3ぼん　あります。ながい　じゅんに　きごうを　かきましょう。

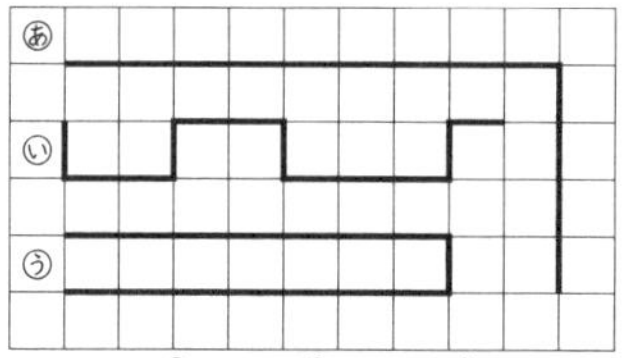

ながい　じゅんに　う ⇨ あ ⇨ い

2　すいとうと　ペットボトルに　はいる　みずの　かさを，コップに　いれて　しらべました。どちらが　どれだけ　おおいでしょうか。

ペットボトル が　コップ　4　はいぶん　おおい。

P.95

1ねんの　ふくしゅう(11)

月　日　なまえ

● □に　あてはまる　かずを　かきましょう。

① 10が　8こで　80，1が　9こで　9，80と　9で　89

② 10が　9こと，1が　5こで　95

③ 73は，10が　7　こと　1が　3　こ

④ 60は，10が　6　こ

⑤ 100は，10が　10　こ

⑥ 十《じゅう》のくらいが　8で，一《いち》のくらいが　2の　かずは　82

⑦ 100より　1　ちいさい　かずは，99

⑧ 109より　1　おおきい　かずは，110

1ねんの　ふくしゅう(12)

月　日　なまえ

1　なんじなんぷんですか。

① 3じ30ぷん　② 10じ10ぷん　③ 7じ25ふん

④ 2じ43ぷん　⑤ 6じ6ぷん　⑥ 7じ58ふん

2　とけいの　はりが　3じ42ふんを　さして　いるのは　どちらですか。ただしい　ほうに　○を　つけましょう。

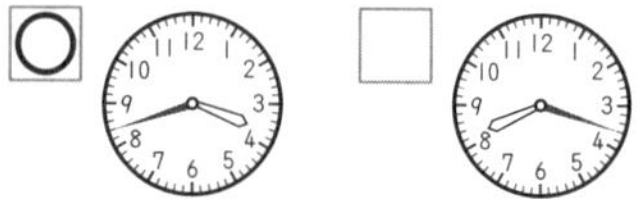

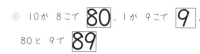

喜楽研 WEB サイト
書籍の最新情報（正誤表含む）は
喜楽研 WEB サイトをご覧下さい。

学校現場では，本書ワークシートをコピー・印刷して児童に配布できます。
学習する児童の実態にあわせて，拡大してお使い下さい。

教科書にそって 学べる

算数教科書プリント 1年 ②
東京書籍版

2023年3月1日　　第1刷発行

イラスト：山口 亜耶 他
表紙イラスト：鹿川 美佳
表紙デザイン：エガオデザイン
執筆協力者：新川 雄也
企画・編著：原田 善造・あおい えむ・今井 はじめ・さくら りこ・中 あみ
中 えみ・中田 こういち・なむら じゅん・はせ みう
ほしの ひかり・堀越 じゅん・みやま りょう（他4名）
編集担当：川瀬 佳世

発行者：岸本 なおこ
発行所：喜楽研（わかる喜び学ぶ楽しさを創造する教育研究所：略称）
〒604-0827　京都府京都市中京区高倉通二条下ル瓦町 543-1
TEL　075-213-7701　FAX　075-213-7706
HP　https://www.kirakuken.co.jp
印刷：創栄図書印刷株式会社

ISBN:978-4-86277-374-6

Printed in Japan